Global Business Etiquette & Manners

글로벌 비즈니스 에티켓 & 매너

- 박성모 -

PNC
publishing and culture
피앤씨미디어

들어가며

대학원 졸업 후 국내에서 신문사 기자, 공기업 직원으로 직장 생활을 하면서 다양한 분야의 사람들을 접하게 되고 자연스럽게 비즈니스 에티켓과 매너를 경험하고 이해하게 되었다. 시간이 흘러 2000년 일본 히토츠바시(一橋)대학 MBA 과정에서 국제경영전략을 공부하면서 글로벌 비즈니스 에티켓과 매너에 대한 지식도 함께 체험하게 되었다. 당시 일본 히토츠바시(一橋)대학 MBA 과정에는 다양한 국적으로 구성된 학생들이 함께 공부를 하였기 때문에 그들 국가의 문화와 관습뿐 아니라 각국의 직장문화, 직장예절에 대해서도 많은 것을 배울 수 있었다. 다양한 국적의 교수진을 통해서도 글로벌 비즈니스 에티켓과 매너를 배웠음은 물론이다. 이렇게 MBA 과정에서 체험하고 축적한 글로벌 비즈니스 에티켓과 매너를 일본 미츠이붓산(三井物産, Mitsui & Co.)에서 직장생활을 하면서 본격적으로 활용하고 몸에 익히게 되었다. 이후 삼성디스플레이에서는 해외영업 및 마케팅 업무만을 담당하였기 때문에 자연스럽게 외국인과의 접촉이 잦아졌고 그들의 문화를 이해하고 그들의 방식이나 관습에 맞게 비즈니스를 수행하게 되었다. 이런 모든 과정들이 글로벌 비즈니스 에티켓과 매너로 이어지는 것이다.

글로벌 비즈니스 에티켓과 매너라는 이 책을 쓰게 된 이유가 여기 있다. 20년간 해외영업 및 마케팅 업무를 수행하는 과정에서 체험하고 배우고 느꼈던 것을 문서화하여 현재 글로벌 기업에서 직장생활을 하는 사람들뿐 아니라 향후 글로벌 비즈니스를 담당하게 될 학생들에게도 조금이나마 도움이 되는 그런 책을 쓰고 싶었던 것이다. 나의 긴 직장 생활의 대부분을 차지했던 것이 해외영업 및 마케팅 업무였기 때문에 실제 현장의 경험을 보다 현실감 있고 생동감 있게 전달하고 싶었다. 특히, 삼성디스플레이에서의 해외영업 및 마케팅 경험이 이 책 속에 상당히 많이 녹아 있다.

현장의 실제 경험을 바탕으로 이 책을 쓰지만, 이 책이 하나의 학문적 업적을 과시하는 도구가 아니다. 기업 현장의 직장인들에게, 그리고 예비 직장인인 대학생들에게 아쉽지만 글로벌 비즈니스 에티켓과 매너를 배울 수 있는 조그만 길라잡이가 되었으면 하는 바램이다. 또한 글로벌 비즈니스 에티켓과 매너를 위하여 나의 수업을 듣는 학생들을 위한 책, 누구나 가벼운 마음으로 쉽게 읽을 수 있는 책이라는 평가가 난다면 만족스러울 것이다.

이 책을 발간한 후에도 현재의 소박한 지식과 경험에 안주하지 않고 계속적으로 수정하고 보완하는 노력을 게을리하지 않을 것이다.

2023년 1월

화성 봉담 연구실에서

차 례

1장 에티켓과 매너

2장 이미지 메이킹

6장 고객 응대 예절

7장 커뮤니케이션 스킬

8장 전화 예절

1장

에티켓과 매너

제 1 절 에티켓의 의미

에티켓(etiquette)은 고대 프랑스어의 동사 에스티키에(estiquer, 붙이다)에서 유래된 말로, 붙어져 있는 것, 즉 꼬리표 또는 부착물이라는 의미이다. 에티켓이란 용어의 유래에는 두 가지 설이 있다. 첫 번째 설은 17세기 프랑스 루이 14세가 베르사이유 궁전에 출입할 수 있는 출입증을 귀족들에게 주었는데 이 때 주어진 티켓(ticket)에 기원을 둔다는 설로, 그 티켓에는 궁전 내에서 유의할 사항이나 예의범절이 수록되어 있었다고 한다. 두 번째 설은 베르사이유 궁전의 스코틀랜드 출신 정원사가 정원의 잔디를 보호하기 위하여 통로를 안내하는 푯말을 설치하였는데 이 푯말의 이름을 에티켓이라고 불렀다는 설로, 이 푯말에는 '궁전 화단의 꽃을 해치지 마시오'라고 하는 안내문이 쓰여져 있었다고 한다. 두 가지 설 중에서 에티켓이 궁전 잔디를 보호하기 위한 통로 안내 푯말에서 유래되었다는 설이 유력한데, 단순히 궁전 화단 출입 금지의 뜻뿐만 아니라 사람들의 마음의 화단도 보호한다는 의미로 넓게 해석하여 예절이란 의미로 자리잡게 되었다고 한다. 다시 말해서, 에티켓인 궁전 화단의 푯말을 오늘날의 의미로는 '마음의 꽃밭을 해치지 않는다'고 하는 적극적인 의미로 이해할 수 있다. 1789년 프랑스 대혁명 이후 프랑스 귀족이 몰락하고 새로운 부르조아 계급이 형성되면서 베르사이유 궁전의 에티켓이 영국으로 건너가 빅토리아 여왕 시대 영국에서 꽃을 피우게 되었다. 따라서 19세기 말 부르주아 계급의 사교계 관례 및 예의범절이 오늘날 보편적으로 통용되는 에티켓의 기초가 되었고, 국제간의 외교 관례나 예의범절은 별도로 프로토콜(protocole)이라는 용어로 정의되었다. 현대에 와서는 에티켓의 어의(語意)가 변천되어 일반인에게도 보편적으로 적용되는 예의범절로 자리잡게 되었다. 따라서, 에티켓은 사람들의 합리적인 행동기준을 의미하며 예의범절, 동업자간의 불문율 등으로 이해하면 된다. 에티켓은 새로운 문화로 들어가기 위한 첫 단추와 같으며, 각 나라와 그 나라의 문화에 바탕을 둔 에티켓에 대한 기본적인 이해가 없이는 성공적인 글로벌 비즈니스를 수행하기 어렵다.

에티켓의 구체적 내용은 각 나라와 문화에 따라 다르지만 에티켓의 기본적 원칙은 존재하며 이를 **에티켓의 6대 원칙**이라고 한다. 먼저 시간 지키기(be on time)이다. 한국 등 상호간의 관계를 중시하는 동양 문화권에서는 시간 관념이 다소 희박하였지만, 현재의 글로벌 비즈니스 환경에서는 시간 지키기는 비즈니스의 기본이다. 두 번째는 신중하기(be discreet)이다. 이는 상황에 대한 분별력을 가지고 **시간과 장소 그리고 상황**(TPO, time, place and occasion)에 맞게 행동하라는 것이다. 세 번째는 공손하고 명랑하고 긍정적으로 행동하기(be courteous, pleasant and positive)이다. 공손은 한국적 정서에서는 겸양의 의미이지만, 서양에서는 시간과 장소 그리고 상황(TPO, time, place and occasion)에 맞는 적절성을 강조한다. 미소나 웃음은 세계 공용의 가장 확실한 커뮤니케이션 수단이며, 상대방이나 상황에 대해 항상 긍정적 사고로 임하여야 한다는 것이다. 네 번째는 상대방에게 관심 가지기(be concerned with others)이다. 밝은 표정과 목소리로 상대방과 나누는 첫 인사가 관심 가지기의 시작이다. 관심의 크기가 커지면 상대방과의 대화가 더 깊어지고 원활하게 이루어진다. 다섯 번째는 적절한 복장 갖추기(dress appropriately)이다. 옷을 입는다는 것은 자신의 아름다움과 덕을 바깥으로 표현하는 것을 의미한다. 시간과 장소 그리고 상황(TPO, time, place and occasion)에 맞는 복장은 세계화 시민의 기본자세이다. 마지막으로 적절한 말 사용하기(use proper language)이다. 상대방이나 장소, 상황에 맞는 언어를 사용한다는 것은 비즈니스뿐 아니라 일상생활에서도 기본적 자세이다. 특히 글로벌 비즈니스에서 외국어의 능숙함과는 별도로 어눌한 외국어라도 상대방에게 진정으로 다가갈 수 있는 말이라면 성공적인 비즈니스를 이끌어낼 수 있다.

[그림 1-1] 에티켓의 6대 원칙

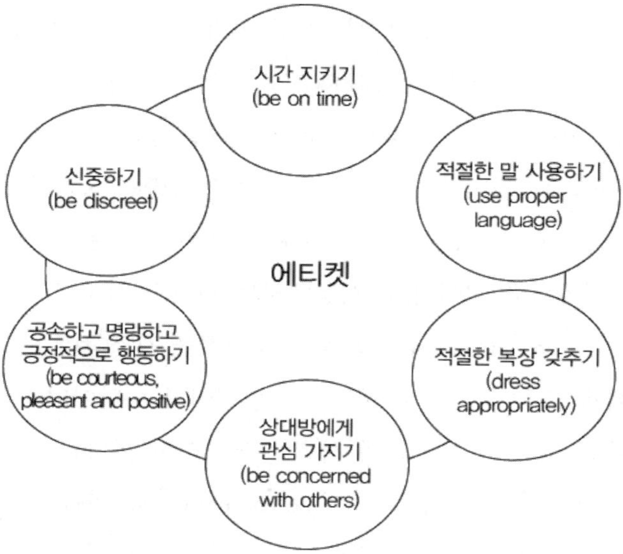

제 2 절 에티켓의 필요성

앞에서 설명한 대로 에티켓이란 모든 사람에게 보편적으로 적용되는 예의범절로 사람을 대할 때의 마음가짐과 태도라고 할 수 있다. 구체적으로는 인간관계의 위아래, 집 안팎에서의 예법, 관혼상제의 절차, 식사 예절 등은 물론, 전화하는 법, 수프 먹는 법, 커피나 술 마시는 방식, 건배하는 방식에도 에티켓이 있다. 각자가 처한 입장이나 환경에 따라 에티켓 그 자체가 변하는 경우는 있으나 본질 그 자체는 다르지 않다. 따라서, 에티켓이란 그 사람이 속해 있거나 머물고 있는 사회에서 요구하고 있는 기본적인 예절을 사람들이 상호간에 지키는 것을 말한다. 오늘날의 에티켓은 사람들과의 교제를 즐겁게 하고 자신의 행동을 단정하게 하며 부드러운 태도로 쾌적한 기분을 갖도록 하는 약속이라고 할 수 있다. 에티켓은 법률이나 규약으로 정해 놓은 것이 아니고 사람과 사람들 사이의 무언의 약속인 것이다. 이러한 무언의 약속을 지키지 않는다면 다른 사람들의 기분을 상하게 할 것이며 잦은 충돌로 인간관계가 나빠져서 사회생활을 하기가 힘들 것이다. 에티켓은 인간관계를 원만하게 하기 위하여 상호간에 지켜야 할 기본적인 예의이므로 상대방에 대한 배려에서부터 시작된다고 할 수 있다. 에티켓의 기본정신은 다음과 같은 것들을 들 수 있다. 먼저 상대방에게 호감을 주어야 한다. 사람과 사람 사이의 관계에서 가장 중요한 것은 상호 좋은 감정을 갖는 것이며 상대방에게 좋은 인상을 주는 것은 인간관계의 첫걸음이다. 상대방에게 호감을 주는 것은 상대방으로 하여금 나에게 호기심을 갖게 하고 매력을 느끼게 한다는 것이다. 서양에서는 매력적으로 보이도록 노력하는 것이 상대방에 대한 나의 노력의 일환으로 비춰지고 있다. 서양에서의 에티켓의 기본은 상대방에게 나를 좋게 보이도록 노력한다는 것이다. 그러기 위하여 나의 옷차림을 단정히 하고 나의 언어를 공손하고 부드럽게 하며 지켜야 할 예의를 지키는 것이다. 또한, 상대방에게 폐를 끼치지 말아야 한다. 이 말은 바꾸어 말하면 상대방을 생각하는 행위이다. 이러한 사고방식은 사교모임에서의 바른 예의, 만찬이나 리셉션 등에서의 예절 등으로 나타난다. 이러한 사고방식의 발로는 공공장소에서의 에티켓으로 실내에서의 에티켓과 함께 중요한 에티켓으로 여겨지고 있다. 공공장소에서의 에티켓이 잘 지켜지고 있다는 것은 공중도덕이나 공중질서가 잘 지켜지고 있다는 것이다. 서양인들이 선진국 국민이라는 것은 서양인들이 이러한 공공장소에서의 에티켓을 잘 지키고 있다는 것을 의미한다. 이는 서양인들은 어려서부터 철저하게 이러한 에티켓을 가르치며 이를 잘 지키고 있다는 것을 말한다. 우리가 배워야 할 글로벌 에티켓에서 중요한 것은 바로 이 부분으로 우리나라에서 흔히 일어나고 있는 공공장소에서 남을 위한 배려가 부족한 것이 서양인들에게는 자칫 후진적 국민의 이미지로 비춰질 수 있다는 것이다. 또한, 상대방을 존경하여야 하며 상대방을 존경하는 것은 에티켓의 기본이다. 존경은 동서양을 막론하고 예의범절에 있어서 가장 중요한 요소가 된다. 존경하는 마음은 반드시 아랫사람이 윗사람에 대해서만 발생하는 것이 아니고 윗사람이 아랫사람에 대해서도 발생하는 것이다. 사람이 다른 사람을 존경하게 되면 상대방을 좋아하게 되고 상대방을 위해 주고 싶은 마음이 우러나는 것이다.

제 3 절 매너의 의미

앞에서 설명한 바와 같이 에티켓은 사람들의 합리적 행동기준으로 예의범절을 의미하는 데, 이러한 에티켓을 바탕으로 행동을 표현한 것이 **매너(manner)**이다. 매너라는 말은 'manuarius'라는 라틴어에서 유래되었으며, 이는 'manus'와 'arius'라는 말의 복합어로, 'manus'란 영어의 'hand'라는 뜻으로 사람의 손이라는 뜻 이외에 사람의 행동, 습관 등의 뜻을 내포하고 있으며, 'arius'는 영어로 'more at manual,' 'more by manual'이란 뜻으로 방식, 방법의 의미를 뜻한다. 따라서 매너란 어떤 일이 되어가는 형국, 즉 대처방식(mode of handling)을 뜻하며, 사람마다 가지고 있는 독특한 습관 또는 행동 방식, 몸가짐으로 해석된다. 이러한 매너는 사회에서 지켜야 할 태도, 버릇, 몸가짐으로 인간의 행위에 대한 표준을 설정한다는 점에서는 법과 유사하지만, 위반 시 처벌을 받는 법과는 달리 반강제적인 행위이다. 따라서, 매너를 지키지 않는다고 해서 처벌받는 것은 아니다. 하지만, 매너는 다른 사람들과 함께 어울려 살아가는 세상에서 각자가 잘 실천한다면 법을 강조하지 않더라도 서로를 배려하는 세상이 만들어질 수 있다. 또한 매너는 예의와 예절에 대한 지식과 마음가짐만 가지는 것으로 충분한 것이 아니라, 상황에 맞는 행동양식을 갖추고 그것을 표현함으로써 완성되는 것이다. 따라서 상황에 적합한 행동이 무엇인지를 생각하고 평소 자연스럽게 표출될 수 있도록 몸에 익히는 것이 필요하다. 이러한 매너는 자기 관리 기능, 인간관계 강화 기능, 비즈니스 관계 강화 기능의 순기능적 측면이 있다. 일반적으로 다른 사람들에게 바람직한 매너를 보이기 위해서는 자신의 말, 행동, 태도, 표정 등을 잘 관리하고 이를 매력적으로 보이기 위해서 노력하기 마련인데, 이는 곧 자기 관리 기능이라고 할 수 있다. 보통 자기 관리 기능이라고 하면 외모 관리, 몸 관리, 주변 사람 관리, 운동 및 외국어 능력 등 자기개발 활동 등 넓은 범위에서 자신을 위한 모든 것들을 포함하는 개념이다. 매너 또한 이러한 별도의 시간 및 비용을 들이지 않고 자신을 관리하는 방안인 것이다. 따라서 자기 관리 기능은 결과적으로 자기 가치 향상 기능으로도 이해할 수 있다. 인간관계 강화 기능은 매너의 자기 관리 기능이나 자기 가치 향상 기능으로 자신의 말, 행동, 태도 등이 매력적으로 보이면 상대방이 자신에게 호감을 가지게 된다. 또한 매너는 상대방에 관심을 가지고 존중하는 마음으로 행동하는 방법이기 때문에 기본적으로 올바른 매너를 실천하게 되면 상대방은 나와의 관계에서 편안한 마음을 가지게 되고 자연히 나에게 친근감을 가지게 된다. 따라서 올바른 매너가 나와 상대방의 인간관계를 바람직한 방향으로 강화하는 것이다. 비즈니스 관계 강화 기능은 올바른 매너가 인간관계를 강화하는 기능을 수행하여 상호 신뢰를 형성하고 이러한 상호 신뢰가 성공적인 비즈니스의 필수적인 요인이 될 수 있다는 것이다. 특히 글로벌 비즈니스에서는 장기적이고 전략적인 파트너십이 강조되기 때문에 상호 신뢰가 비즈니스의 근간이며, 이러한 상호 신뢰가 결국 비즈니스 매너에서 시작된다고 볼 수 있다.

제 4 절 매너의 필요성

현대사회는 개인을 중요시하는 사회로 점차 바뀌어 가고 있는 추세이기 때문에 더불어 살아야만 하는 사회에서는 자발적으로 상호간에 지켜야 할 규범이 요구되고 있다. 또한 개인적인 생활을 보다 품위있는 수준으로 유지하기 위해서는 상대방의 품위

[그림 1-2] 매너의 기능

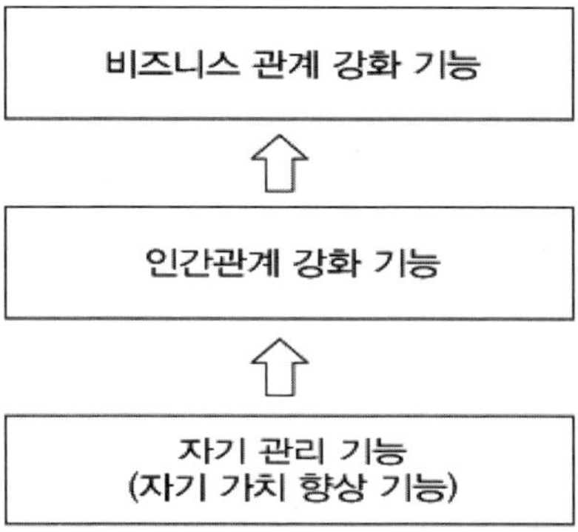

를 손상시키지 않는 범위내에서 행동하여야 한다. 매너는 사람이 살아가면서 일정한 질서를 유지하고 품위있는 삶을 영위하기 위해 반드시 필요하다. 다시 말해서 직장생활, 사회생활 및 일상생활에서 올바른 매너가 필요한데, 자칫 소홀하게 되면 주위 사람들에게 이미지가 좋지 않게 보일 수 있을 뿐아니라 아무리 능력이 뛰어난 사람이라 할지라도 매너없이는 인정을 받지 못하게 된다. 예를 들어 상대방과의 멋진 대화, 여행지에서의 매너, 테이블 매너 등은 복잡한 사회생활을 영위해 나가는데 있어서 매우 중요한 요소로 작용한다. 질서있고 품위있는 삶을 영위하기 위한 매너를 위하여 각자가 평소에 할 수 있는 행동은 다음과 같다. 첫 번째, 먼저 인사하기이다. 인사는 인간관계 형성을 위한 출발점으로 마음속에서 우러나오는 진실한 인사는 상대방이 나에게 느낄 수 있는 첫 번째 감동이다. 따라서 자신이 상대방에게 먼저 인사를 건넨다면 상대방이 자신을 올바른 매너를 가진 사람이라고 인식하게 될 것이다. 인사할 때도 상대방의 눈을 바라보며 부드러운 표정으로 자세를 갖추어 상황에 맞게 하여야 한다. 즉, 상대방이 진심어린 인사라고 느낄 수 있어야 하며 인사가 존경과 친근감을 표현하는 것이어야 한다. 두 번째, 밝은 표정 짓기이다. 상대방이 자신의 밝은 얼굴 표정을 보면서 자신이 상대방에게 행하는 올바른 매너를 경험한다면 상대방이 자신을 아주 매너있는 사람으로 쉽게 인식하게 될 것이다. 또한 밝은 표정과 올바른 매너가 상호 상승 작용을 하여 상대방이 자신을 좋은 매너를 가진 사람으로 오래 기억할 것이다. 세 번째, 바른 자세 취하기이다. 이는 상대방에게 매너있는 행위를 하기 위하여 상대방을 제대로 대우하기 위한 예를 갖추라는 것으로, 올바른 몸가짐, 자세 및 태도를 취하여 상대방을 대하라는 것이다. 네 번째, 부드러운 말씨 쓰기이다. 상대방에게 매너있는 행위를 표현하기 위하여 언어의 사용도 중요하다는 것으로, 부드럽고 친절하게 들리는 말씨는 상대방으로 하여금 자신의 행위를 거리낌없고 편안하게 받아들이게 하는 역할을 한다. 따라서 부드럽고 친절한 말씨가 자신을 매너있는 사람으로 쉽게 인식하게 하고 오래 기억하게 한다. 다섯 번째, 상황에 맞는 적절한 복장 갖추기이다. 이는 앞에서 설명한 에티켓의 6대 원칙 중 다섯 번째 적절한 복장 갖추기(dress appropriately)에서도 언급하였지만, 옷을 입는다는 것은 자신의 아름다움과 덕을 바깥으로 표현하는 것을 의미하는 에티켓일 뿐 아니라, 자신이 속한 조직이나 상황에 맞는 복장은 상대방으로 하여금 친근감과 동질감을 느끼게 하여 자신을 매너있는 사람으로 긍정적으로 인식하게 한다.

[그림 1-3] 매너를 위한 평상 시의 행동

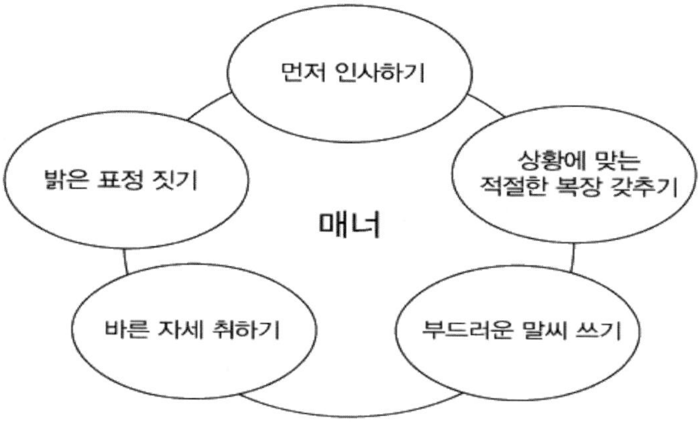

제 5 절 에티켓과 매너

앞에서 에티켓과 매너에 대하여 설명하였지만, 실생활에서 에티켓과 매너를 같다고 생각하는 사람들이 많은 것이 사실이다. 이는 에티켓과 매너를 명확하게 구별하기 애매한 상황이 실생활에서 얼마든지 있을 수 있으며, 더욱 중요한 것은 에티켓과 매너의 판단 기준이 시대의 변천에 따라 변한다는 사실에 기인한다. 하지만, 에티켓과 매너는 근본적으로 다르다. 우선, 에티켓은 사람과 사람사이에서 마땅히 지켜야 할 규범으로서 형식적 측면이 강하고, 매너는 그 형식을 나타내는 방식으로 방법적 성격이 강하다. 다시 말해서 에티켓은 기본적 생활 규범, 예의범절을 의미하며 객관적 행동 기준이라 할 수 있으며, 매너는 자신의 행동 방식, 태도, 습관, 자세를 의미하며 주관적 행동 방식으로 이해하면 된다. 또한, 에티켓은 나 자신을 관심의 대상으로 하고 매너는 상대방을 관심의 대상으로 한다. 따라서 에티켓은 내가 마땅히 하여야 할 것을 한다는 마음가짐이며 매너는 상대방을 배려하여 하여야 할 것을 하는 행동을 의미한다. 에티켓은 일반적인 경우 '있다', '없다'로 표현하거나 공공적 의미에서는 '지킨다', '지키지 않는다'로 표현하고, 매너는 개별적 의미로 '좋다', '나쁘다'로 표현한다. 쉽게 말해서 에티켓은 내가 당연히 해야 할 도리, 예의범절을 의미하기 때문에 도리나 예의범절이 '있다' 또는 '없다'라고 하는 유무만을 구분하는 것이고 매너는 상대방를 편안하게 배려하는 행동을 의미하기 때문에 이 행동에 대하여 질적인 평가를 하여 '좋다' 또는 '나쁘다'라고 구분하는 것이다. 에티켓과 매너의 차이를 정리한 것이 [표 1-1]이며, [표 1-2]는 에티켓과 매너의 차이를 예로 설명한 것이다.

[표 1-1] 에티켓과 매너의 차이

에티켓	매너
형식 (form)	방식 (way)
객관적 행동 기준	주관적 행동 방식
기본적 생활 규범, 예의범절	행동 방식, 태도, 습관, 자세
'나'에 관심	'상대방'에 관심
사교상에서의 마음가짐	배려하는 마음을 행동으로 표현
일반적 의미로 '있다', '없다'라는 유무로 구분 공공적 의미로 '지킨다', '지키지 않는다'로 표현	개별적 의미로 '좋다', '나쁘다'라는 질적인 평가로 구분

[표 1-2] 에티켓과 매너의 예

에티켓	매너
학생들이 교수에게 인사하는 것	학생들이 교수에게 밝고 부드러운 표정으로 인사하는 것
지하철이나 버스에서 노약자석이나 임산부석에 앉지 않는 것	지하철이나 버스에서 노약자나 임산부에게 자리를 양보하는 것
화장실에서 문에 노크하는 것	화장실 안의 상대방을 배려하여 조심스럽게 노크하는 것
엘리베이터를 탔을 때 문열림 버튼을 눌러 다른 사람들이 탈 수 있도록 도와주는 것	동승자에게 엘리베이터 층수를 물어 보고 층수 버튼을 눌러 주는 것
여성이 차를 탈 때 차 문을 열어 주는 것	탑승하는 여성이 차 문에 부딪히지 않도록 차 문에 손을 대는 것
레스토랑에서 여성이 자리에 먼저 앉도록 권유하는 것	동석한 여성이 쉽게 자리에 앉을 수 있도록 의자를 빼고 밀어 주는 것
고급 레스토랑에 작업복이나 트레이닝복을 입고 가지 않는 것	레스토랑 이용 시 종업원에게 인사를 건네는 것
화장실 앞에 줄을 서서 자신의 차례 시 들어가기	화장실 앞에 줄을 서서 기다리는데 급한 용무의 뒷사람에게 자신의 차례를 양보하는 것
데이트 상대의 치마가 너무 짧은 경우, 시선을 다른 데로 돌려 상대의 부담을 줄여주는 것	데이트 상대의 치마가 너무 짧은 경우, 담요나 웃옷으로 가려주는 것

2장

이미지 메이킹

제 1 절 이미지 메이킹의 의미 및 필요성

이미지(image)란 라틴어 'imago'에서 유래된 말로 '흉내 내는 것'이라는 의미이다. 사전적 의미의 이미지는 감각에 의하여 획득한 현상이 마음속에서 재생된 것으로 사람이나 사물로부터 받는 느낌으로 정의할 수 있다. 즉 '어떤 대상에 대하여 마음속에 그려지는 상'이라고 할 수 있다. 이러한 이미지가 한 번 형성되면 사람들은 이미지의 대상인 주체나 객체의 실제 양상에 반응하기보다 대상인 주체나 객체에 대하여 사람들이 주관적으로 형성한 이미지에 대하여 반응한다. 따라서 이미지는 대상에 대한 정보를 바탕으로 개개인이 형성한 인식이므로 상당히 주관적인 성격을 띠게 된다. 결론적으로 이미지는 자신의 총체적인 모습에 대하여 사람들이 주관적이고 객관적으로 판단하고 평가하여 재구성한 종합적인 자화상이라 할 수 있다. 이미지에 대한 분류는 다양하지만, 여기서는 내적 이미지, 외적 이미지, 사회적 이미지로 구분하여 설명한다. 내적 이미지는 인간의 인지적, 정신적, 심리적, 정서적 특성이 고유하고 독특하게 형성되어 있는 상태로써 개인의 심성, 생각, 습관, 욕구, 감정 등이 유기적으로 결합한 것을 의미한다. 따라서 내적 이미지는 개인의 내면에 형성되어 있는 본질적인 이미지를 의미한다고 할 수 있다. 내적 이미지는 다시 자아 존중감, 정체성, 비전 등을 포함하는 자아 개념, 개인의 신념, 의지, 지식, 리더십 등을 포함하는 인지적 요소, 심성, 감정, 자신감, 욕구, 열등감, 책임감 등을 포함하는 정서적 요소, 천성, 기질, 내향성, 외향성, 적극성 등을 포함하는 성격 및 성향으로 나눌 수 있다. 외적 이미지는 자신의 신체에 대해 갖는 감정이나 태도를 나타내는 개념으로, 시각적으로 나타나는 외형상의 모습을 의미한다. 외적 이미지는 얼굴, 키, 체형, 피부색, 생김새 등을 포함하는 신체적 요소, 표정 메이크업, 옷차림, 헤어 스타일, 컬러, 액세서리 등을 포함하는 표현적 요소, 걸음걸이, 제스처, 태도, 자세 등을 포함하는 행동적 요소, 목소리, 억양, 말의 속도, 말의 내용, 말투 등을 포함하는 청각적 요소로 구분할 수 있다. 사회적 이미지는 내적 이미지와 외적 이미지가 결합하여 상대방과의 교류에서 형성되는 대인관계 속에서 나타나는 관계적 이미지를 말한다. 사회적 이미지는 개인의 직업, 부서, 역할, 의무, 경제력 등을 포함하는 사회적 환경, 유머, 대화 수준, 의사소통 수준, 적응 수준 등을 포함하는 커뮤니케이션,

직장 예절, 공공질서, 에티켓, 배려, 매너 등을 포함하는 매너 및 에티켓, 인맥, 인간관계, 신뢰감, 호감, 친밀감 등을 포함하는 대인관계로 구분할 수 있다.

[표 2-1] 이미지 분류 및 요소

내적 이미지	자아 개념	자아 존중감, 자아 정체성, 비전 등
	인지적 요소	신념, 의지, 지식, 리더십 등
	정서적 요소	심성, 감정, 자신감, 욕구, 열등감, 책임감 등
	성격 및 성향	천성, 기질, 내향성, 외향성, 적극성 등
외적 이미지	신체적 요소	얼굴, 키, 체형, 피부색, 생김새 등
	표현적 요소	표정 메이크업, 옷차림, 헤어 스타일, 컬러, 액세서리 등
	행동적 요소	걸음걸이, 제스처, 태도, 자세 등
	청각적 요소	목소리, 억양, 말의 속도, 말의 내용, 말투 등
사회적 이미지	사회적 환경	직업, 부서, 역할, 의무, 경제력 등
	커뮤니케이션	유머, 대화 수준, 의사소통 수준, 적응 수준 등
	매너 및 에티켓	직장 예절, 공공질서, 에티켓, 배려, 매너 등
	대인관계	인맥, 인간관계, 신뢰감, 호감, 친밀감 등

(주) 김예주, 이미지 메이킹이 긍정적 사고와 자아 존중감에 미치는 영향, 건국대학교 산업대학원 석사논문, 2016년 2월, p.5 [표 2-1]를 인용하여 수정 정리함.

결론적으로 내적 이미지는 본질, 외적 이미지는 현상, 사회적 이미지는 관계로 요약할 수 있다. [그림 2-1]은 이를 정리한 것이다.

이미지 메이킹(image-making)이란 얼굴 표정, 매너, 옷차림, 말투, 목소리 등 누구나 가지고 있는 자신의 모습을 상대방에게 멋있고 매력적이게 보이도록 자신만의 모습을 만드는 것을 말한다. 다시 말해서 이미지가 상대방에게 전달되는 어떤 느낌을 머리 속

[그림 2-1] 내적 이미지, 외적 이미지 및 사회적 이미지의 관계

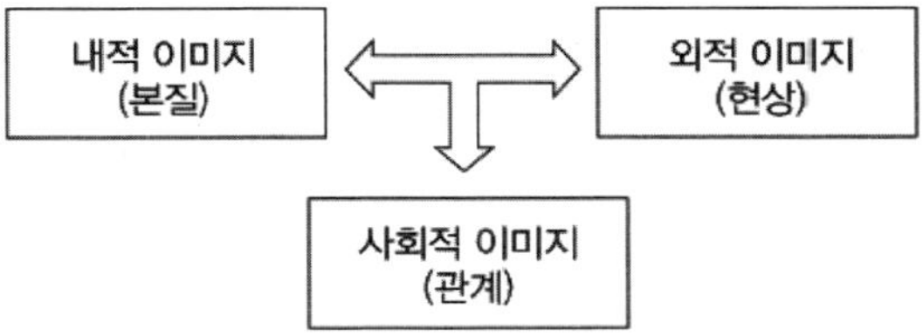

에서 재현한 상이나 모습이라고 한다면, 이미지 메이킹은 자신의 모습을 자신이 원하는 감각으로 매력적이고 긍정적이게 이미지화하여 표현하는 기술이나 방법이다. 즉 이미지 메이킹은 자신이 표현하고자 하는 자신의 모습을 가장 자기답고 호의적인 이미지로 부각시키기 위한 노력이며, 이에 따른 총체적인 연출 방법을 말한다. 이러한 이미지 메이킹은 상대방에게 호감을 줄 수 있도록 자신의 겉모습뿐만 아니라 마음까지도 바꾸는 과정이며, 자신의 개성이나 본질을 바탕으로 특정한 상황에 적합한 자신의 최상의 이미지를 만들어 내는 일련의 과정이라고 할 수 있다. 따라서 이미지 메이킹은 자신의 겉모습만 그럴듯하게 치장하는 것이 아니라 자신의 진정한 참모습을 찾아가는 과정이기도 하다. 결국 이미지 메이킹은 자신의 이미지를 긍정적으로 표현하기 위하여 시각적으로 구체화하는 과정이다. 이미지 메이킹을 위하여 우선 자신을 객관적으로 분석하고 다른 사람들에게 어떻게 보이는지를 판단하며, 상대방에게 보여주고 싶은 자신의 모습을 결정한 후 이를 상대방에게 적극적으로 어필하여야 한다. 이런 의미에서 이미지 메이킹은 항상 적시에 가장 바람직한 일을 하기 위하여

자신을 드러내는 과정이라고도 할 수 있다. 다시 말해서 이미지 메이킹은 자신을 어떤 모습으로 나타낼 것인가를 미리 정해 놓고 그런 모습이 나올 수 있도록 준비하는 과정이라고 할 수 있다. 그러기 위해서는 먼저 되고자 하는 또는 되어야 하는 자신의 모습을 설정하고 그렇게 되도록 노력하는 것이 필요하다. 이러한 의미에서 이미지 메이킹은 개인이 추구하는 목표를 달성하기 위하여 자신의 이미지를 종합적으로 관리하는 행위이자 자신을 향상시키기 위한 노력으로 정의할 수 있다. 이러한 이미지 메이킹이 필요한 이유는 다음과 같다. 자신의 이미지를 다른 사람들이 호감을 갖게 만드는 것은 사회생활을 영위하고 인간관계를 형성하고 유지하는데 대단히 중요한 일이다. 특히 현대 사회에서 이미지의 역할은 지대하다. 현대 사회는 TV 방송, 광고, 영화, 개인 PR 등에서 개인적인 시각적 이미지를 잘 활용하는 사람이 상대방에게 설득력있는 메시지를 잘 전달할 줄 아는 사람으로 인정받는 시대이다. 또한 자기 PR 시대에 살고 있는 현대인은 다른 사람들과 차별적이면서 강한 이미지를 창출하는 것을 자신을 널리 알리고 자신의 경쟁력을 향상시키기 위한 하나의 수단으로 간주하고 있다. 따라서 자신의 장점을 부각시키고 단점을 보완하여 자신의 최상의 이미지를 만들어내는 것은 소수의 특정인에게만 해당되는 것이 아니라 현대인의 성공적인 삶을 위한 필수 요소가 되고 있다. 특히, 정치인이나 최고경영자 등 사회 지도층 인사들이 이미지 메이킹를 적극적으로 활용한다. 미국 역사상 최연소 대통령이 된 존 F. 케네디(John F. Kennedy)는 이미지 메이킹을 전략적으로 가장 잘 활용한 최초의 정치인이다. 그는 강인하고 우직한 이미지를 주는 사각턱의 이미지 메이킹을 위하여 일부러 질긴 음식을 자주 씹었다고 한다. 또한, 프랭클린 루즈벨트(Franklin Roosevelt) 전 미국 대통령 역시 자신의 신체적 약점인 소아마비를 극복하고 특유의 따뜻하고 부드러운 목소리의 친근한 이미지로 부각시키는 데 성공하여 미국 헌정상 유일한 4선 대통령이 되었다. MS의 창업자인 빌 게이츠(Bill Gates)는 젊었을 때는 검정색 정장으로 비즈니스 감각을 부각시키는 이미지 메이킹을 하였고, 사내 직원과의 부적절한 관계를 맺었다는 의혹에도 불구하고 은퇴 이후는 따뜻하고 자상한 자선 사업가로 이미지 메이킹에 성공하였다. 이러한 이미지 메이킹은 다른 사람과의 개인적 인간관계 및 조직생활에서의 대인관계에서 중요한 역할을 한다. 자신에 대한 바람직한 이미지 메이킹으로 자신감과 자아 존중감이 향상되고 이것이 바람직한 인간관계 또는 대인관계를 만들어내며 이는 곧 개인에게는 성취감을 직장이나 조직에게는 생산성이나 효율성 향상을 가져다준다.

제 2 절 이미지 메이킹 실천 5단계

일반적으로 아래와 같은 5단계에 따라 이미지 메이킹을 실천한다. 이를 **이미지 메이킹 실천 5단계**라고 한다. 1단계는 '자신 알기(know yourself)'이다. 1단계에서는 자신의 이미지를 만들기 위해서는 무엇보다도 자기 자신을 냉철하게 분석하고 판단하여야 한다. 이러한 분석 및 판단을 바탕으로 자신에게 어울리는 이미지를 선택한다. 이때 자신에게만 고유한 개성이나 특징을 찾아내는 것이 성공적인 이미지의 시작이다. 2단계는 '자신 계발하기(develop yourself)'이다. 자신의 현재 이미지와 자신이 원하는 바람직한 이미지는 별개의 문제이다. 다시 말해서 실제 나의 이미지와 내가 원하는 이미지 사이에는 차이가 있다는 것이다. 따라서 2단계에서는 이러한 차이를 좁혀 나가기 위하여 자신의 단점이나 약점은 줄이고 자신의 장점이나 강점은 계발하는 노력을 하여야 한다. 3단계는 '자신 포장하기(package yourself)'이다. 이 단계에서는 자신만의 특색있는 이미지가 돋보일 수 있도록 디자인한다. 자신의 이미지를 위하여 말씨, 태도, 미소, 외모, 복장 등을 잘 포장하는 것은 물론이고 대화 능력 향상, 철저한 자기 관리까지도 포함하여 노력하여야 한다. 이는 자신의 내적 이미지의 가치를 잘 살릴 수 있도록 자신의 외적 이미지를 잘 디자인하고 포장하는 것이다. 4단계는 '자신 팔기(market yourself)'이다. 이 단계에서는 자신의 능력을 발휘하고 자신의 이미지를 부각시키기 위한 기회를 스스로가 만드는 것이다. 이는 자신의 이미지에 대한 가치가 자신의 목표 수준에 도달한 경우 자신의 이미지에 대한 가치를 상대방에게 널리 알리는 것을 의미한다. 특히, 이 단계에서는 상대방과의 만남 시 자신의 바람직한 이미지를 부각시키기 위하여 시간, 장소 및 상황에 맞게 자신의 이미지를 종합적으로 활용할 수 있어야 한다. 마지막 5단계는 '나다움 되기(be yourself)'이다. 이 단계는 앞의 4단계에서 창출된 자신의 이미지를 계속적으로 자기화하는 단계이다. 자신의 이미지를 통한 자신의 가치를 상대방에게 인식시킨 후 이를 지속적으로 유지하는 것이 무엇보다 중요하며, 이를 위하여 끊임없는 자기 계발의 노력이 필요하다. [그림 2-2]는 이미지 메이킹 실천 5단계를 정리한 것이다.

[그림 2-2] 이미지 메이킹 실천 5단계

자신 알기 (know yourself)

⇩

자신 계발하기 (develop yourself)

⇩

자신 포장하기 (package yourself)

⇩

자신 팔기 (market yourself)

⇩

나다움 되기 (be yourself)

제 3 절 성공적 이미지 메이킹

앞에서 이미지 메이킹을 실천하기 위한 5단계를 설명하였지만, 일반적인 실천 방안을 모색함과 동시에 자신만의 성공적인 이미지를 만들기 위한 행동도 필요하다. 먼저 자신을 최고로 대우하여야 한다. 이는 성공적인 이미지 메이킹을 위하여 자부심, 자존감, 자기 존중의 정서나 감정이 가장 중요하며 언제나 스스로를 칭찬하고 격려하는 자세가 필요하다. 물론 자신을 최고로 대우하는 것이 상대방에게는 오만이나 자만심으로 비춰질 수 있으므로 항상 겸손의 감정과 자세가 필요함은 물론이다. 두 번째 자신을 인정하여야 한다. 이는 자신의 강점이나 장점을 돋보이게 하는 행동뿐 아니라 자신의 약점이나 단점도 솔직하게 상대방에게 드러내어 인정하라는 것이다. 자신의 부족한 부분을 스스로 인정하는 것이 겸손의 의미도 있지만 상대방이 자신을 제대로 이해하게 하는 배려의 의미도 포함한다. 세 번째 상대방을 존중하여야 한다. 이는 자신이 존중받고 싶은 만큼 상대방도 존중하여야 한다는 의미이다. 이미지 메이킹은 자신만이 만족하는 자신만을 위한 행위가 아니라 항상 상대방의 존재를 그 전제로 한다. 따라서 성공적인 자신의 이미지 메이킹을 위해서는 모든 인간의 기본 욕구인 존경의 욕구를 상대방도 느낄 수 있어야 한다. 네 번째 이미지 메이킹의 성공 모델을 찾아야 한다. 자신이 성공하고 싶은 분야에서 최고로 성공한 이미지 메이킹의 사례를 찾아 자신의 이미지 메이킹의 모델로 삼아야 한다는 것이다. 다시 말해서 이미지 메미킹의 성공 모델에서 성공 요인을 분석하여 자신의 이미지 메이킹에 접목시켜 발전시켜 나가야 한다는 것이다. 다섯 번째 자신의 가치를 높여줄 사람들과 어울려야 한다. 이는 자신의 성공적인 이미지를 구축하는 데 도움이 되고 이미지를 통한 자신의 가치를 이해하고 인정해 줄 수 있는 사람들과 교우하여야 자신의 성공적 이미지가 제대로 구축된다는 것이다. 단순하게 폭넓은 인간관계가 반드시 바람직한 것이 아니며 자신의 이미지에 어울리는 인간관계가 보다 성공적인 이미지 메이킹에는 더욱 중요하다. 마지막으로 건강하여야 한다. 건강이 최고의 자산이라는 말은 이미지 메이킹에도 그대로 적용된다. 건강한 신체는 자신감과 자기 관리를 표현하는 것으로 성공적 이미지 메이킹의 근간이라 할 수 있다. 건강에 문제가 있는데도 불구하고 성공적인 이미지를 구축한 경우는 거의 없다. 따라서 성공적 이미지 메이킹을 위해서는 자신의 몸을 귀히 여기고 적극적으로 투자하고 잘 관리하여야 한다. [그림 2-3]는 이를 표로 정리한 것이다.

[그림 2-3] 성공적 이미지 메이킹

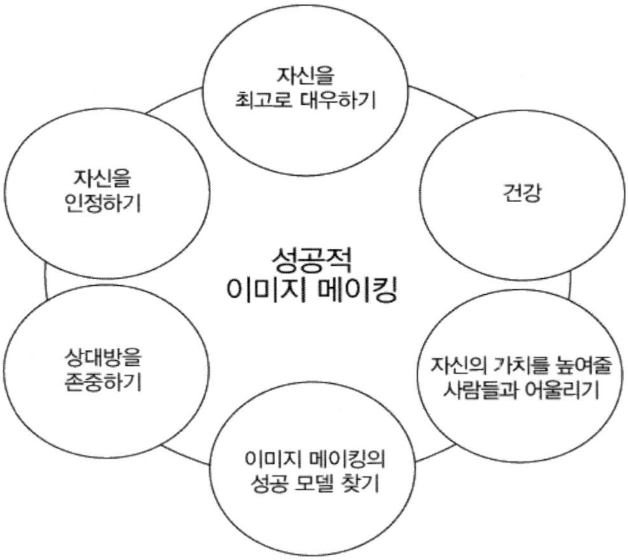

제 4 절 첫인상

첫인상이란 첫 대면에서 아주 짧은 시간에 상대방에 대한 평가 및 결론을 내리는 것을 말한다. 개인의 이미지 형성에 첫인상이 가장 중요하게 영향을 미치며 이러한 첫인상을 결정하는 시간은 5초 정도라고 한다. 아주 짧은 시간에 형성되는 첫인상은 한번 상대방에게 각인되면 쉽게 잊혀지는 것이 아니라 상당 기간 지속적으로 상대방의 인식에 영향을 미치게 된다. 이것이 첫인상이 중요한 이유이다. 자신의 첫인상이 상대방에게 아주 매력적이고 좋은 인상으로 남을 경우 상호간에 호감을 느끼고 지속적인 인간관계를 유지할 수 있지만, 반대로 자신의 첫인상이 상대방에게 매력적이지도 좋지도 않은 인상으로 남을 경우 서로 무관심해지고 지속적인 인간관계를 유지하기 어렵게 된다. 첫인상을 결정하는 수많은 요소가 있지만 메라비안(Albert Mehrabian)은 첫인상을 결정하는 다양한 요소를 시각적 요소, 청각적 요소, 말의 내용 등 3개의 요소로 구분하고 그 중 가장 큰 비중을 차지하는 것이 시각적 요소라고 하였다. 시각적 요소는 상대방의 용모, 복장, 표정 등을 말하며, 청각적 요소는 말투, 억양, 말의 톤 등을 지칭하며, 말의 내용은 상대방과의 대화 내용을 말한다. [그림 2-4]는 첫인상을 결정하는 요소를 정리한 것으로 **메라비안 차트**(Mehrabian Chart)라고도 한다. 메라비안 차트에서 중요한 사실은 첫인상을 결정하는 요소 중 언어적 요소보다는 시각적 요소와 청각적 요소와 같은 비언어적 요소가 더 크게 영향을 미친다는 것이다.

첫인상을 결정하는 요소로 외모, 표정, 체형, 옷차림, 태도, 말의 속도, 말의 억양, 목소리, 인격 등 다양한 요소를 나열할 수 있으나 여기서는 첫인상을 결정짓는 요소로 외모, 표정, 자세, 행동, 화술 등의 5개 요소에 대하여 설명한다. 외모는 첫인상을 결정짓는 가장 큰 요소이다. 외모는 '예쁘다', '잘 생겼다'라고 하는 미나 아름다움에 대한 기본적인 판단뿐만이 아니라 키, 몸매, 피

[그림 2-4] 메라비안 차트; 첫인상의 결정 요소

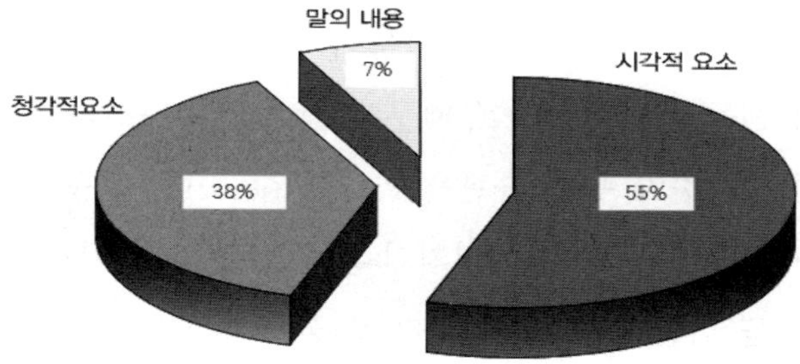

부 상태, 메이크업, 옷차림 등을 포함하는 요인들이 표현하는 것을 말한다. 따라서, 외모를 판단할 때는 단순한 미의 기준이 아니라 여러 요인들을 종합적으로 고려하여 판단하여야 한다. 표정은 마음속에 품은 감정이나 정서 등의 심리 상태가 겉으로 드러나는 것을 말하는 데 이 역시 첫인상을 평가하는 기준이 된다. 사람의 심리 상태가 표정으로 나타나기 때문에 표정은 상대방의 현재 상태를 잘 나타낸다. 상대방이 표정이 없는 사람일 경우 상대방이 현재 어떤 생각을 하고 있는지 어떤 심리적 상태인지를 판단하기 어렵기 때문에 상호간 대화가 어렵거나 사교적인 관계를 형성하기가 어렵다. 따라서 상황에 맞는 표정은 상대방에게 자신을 솔직하게 표현할 수 있는 수단으로 필요하다고 할 수 있다. 자세는 자신의 심리 상태나 일정한 특징을 나타내는 움직임으로 자신의 첫인상이나 이미지를 결정하는 한 요인이다. 자세가 나쁜 사람은 상대방에게 무성의하게 보여질 뿐 아니라 자신에 대한 상대방의 호감도 떨어지게 된다. 반대로 자세가 바른 사람은 밝은 인상과 긍정적인 이미지를 상대방에게 전달하여 자신에 대한 상대방의 호감을 끌어 올린다. 행동은 보통 외모와 표정이 동반하여 나타나는데, 행동으로 사람의 성격을 판단하기도 한다. 또한 사람의 습관이 행동으로 나타나기 때문에 상대방은 자신의 행동을 보고 자신이 의식하지 못한 습관을 확인할 수 있다. 행동은 자세와 후술하는 화술에도 영향을 미치기 때문에 장소나 시간, 상황에 맞는 행동을 취할 수 있어야 한다. 화술은 말하는 기술이나 능력을 말하는 것으로 말하는 방법을 의미하는 화법도 포함하는 개념이다. 일반적으로 화술은 표정과 자세를 동반하며 외모 및 행동에도 영향을 미친다. 상대방과의 대화 중의 화술에서 상대방의 신념이나 주관을 확인할 수 있고, 대화 상대방을 배려하고 경청하는 스타일인지, 자신만의 주장을 내세우는 스타일인지 등 상대방의 대화 스타일도 파악할 수 있다.

첫인상과 관련한 법칙도 있다. 먼저 **앵커링 효과**(anchoring effect)이다. 이는 가장 먼저 접하거나 가장 인상적인 정보가 개인의 의사결정이나 판단에 영향을 미치는 경향을 말하는 것으로 인간의 인지적 편견(bias)을 표현하는 심리 원칙의 하나이다. 첫인상도 이 앵커링 효과와 깊이 관계가 있다. 두 번째는 **5초의 법칙**이다. 이는 상대방을 보고 5초 만에 첫인상이 결정된다는 것이다. 즉 누군가를 처음 만나서 첫 5초 동안 느낀 이미지가 그 사람을 평가하는 기준으로 작용한다는 것을 말한다. 처음 만난 사람의 첫인상이 나빴다면, 그 후 아무리 상대방의 좋은 면을 많이 접해도 의외로 좋은 모습을 봤다고 생각할 뿐, '알고 보니 좋은 사람'이라고 평가를 바꾸지 않는 것이 일반적인 사람의 본성이다. 이러한 순간성

[그림 2-5] 첫인상의 결정 요소

이 첫인상의 가장 핵심적인 특징으로 이러한 순간성이 강력한 힘을 발휘하여 첫인상의 중요한 부분을 차지한다. 세 번째는 **초두 효과**(primary effect)이다. 초두 효과는 첫 만남에서 느낀 인상, 외모, 분위기 등이 그 사람에 대한 고정관념을 형성하여 대인관계에서 작용하는 것을 말한다. 처음 만났을 때 느끼는 첫인상은 그 사람이나 대상에 대한 전반적인 신념이나 지식, 그리고 기대를 형성하는 데 결정적인 역할을 한다. 이 초두 효과는 대인관계에서 다른 사람에 대한 인상을 형성해 나가는 가장 초기 단계라 할 수 있다. 네 번째는 **콘크리트의 법칙**이다. 이는 첫 만남에서 아주 짧은 시간에 첫인상이 결정되고 쉽게 바뀌지 않는다는 것이다. 다시 말해서 한 번 굳어진 첫인상을 바꾸려면 엄청난 시간과 노력이 필요하다는 뜻이기도 하다. 콘크리트의 법칙은 초두 효과와도 관련이 있는 것으로 첫 만남에서 느끼거나 형성된 인상이 상대방에 대한 고정관념으로 작용하고 그 고정관념이 쉽게 바뀌지 않기 때문이다. 다셋 번째는 **부정성 편향**(negativity bias)이다. 이는 부정적인 사건이나 정서가 긍정적인 것보다 사람들에게 더 강력한 영향을 미친다는 보편적인 경향성을 뜻한다. 부정성의 법칙, 부정성 효과라고도 한다. 이는 첫 만남에서 상대방에 대하여 긍정적인 인상이나 호감을 가지게 되었다고 하더라도 이후 상대방에 대하여 부정적인 인상이나 반감을 경험하게 되면 과거의 긍정적인 인상이나 호감이 변하거나 없어진다는 것이다. 또한 이렇게 형성된 부정적 인상이나 반감은 상대방에 대한 특별한 경험을 하지 못하거나 상대방이 특별한 조치를 취하지 않는 한 쉽게 없어지기 어렵다. 부정성 편향은 '**4의 법칙**'과도 관련이 있다. 4의 법칙이란 나쁜 것 하나를 극복하려면 좋은 것 네 개가 필요하다는 것이다. 4의 법칙은 삶의 여러 측면에 응용할 수 있다. 예를 들어 임상심리학자들은 환자가 우울증으로 고통받지 않고 일상생활을 잘 할 수 있도록 부정적 감정 한 번에 긍정적 감정 네 번을 느끼게 하는 것을 목표로 심리적 치료를 진행할 수 있다. 또한 온라인 쇼핑몰 사업을 하는 경우 그 사업을 지속하려면 온라인 후기를 부정적인 것 하나에 긍정적인 것 네 개 이상으로 유지하도록 관리해야 한다.

제 5 절 표정 관리

표정이란 인간이 가지고 있는 마음의 상태가 외부로 표현되는 것으로, 마음 속 감정이나 정서 등이 얼굴에 드러난 모양을 말한다. 표정은 개인의 조직생활이나 인간관계 형성에 크게 영향을 미치고 특히 첫인상을 결정하는 중요한 요소이다. 나아가 개인의 표정이 개인은 물론이고 개인이 속해 있는 조직이나 단체를 평가하는 데 중요한 역할을 한다. 따라서 긍정적이고 호감있는 표정은 정서적으로는 자신에 대한 존중감, 자신감, 자존감을 향상시키고 실생활에서는 일이나 사물에 대한 이해도를 향상시키고 이는 업무 능력 및 실적 향상으로 이어질 수 있다. 표정 관리란 이러한 마음의 상태가 외부로 표현되는 때 의식적으로든 무의식적으로든 조절하는 행동이라 할 수 있으며, 결국 표정 관리는 얼굴의 관리인 것이다. 사전적 의미에서 표정 관리는 심리 상태가 표정으로 드러나는 것을 숨기기 위하여 조심함이라고 정의한다. 한 온라인 취업사이트에서 직장인을 대상으로 '직장에서 표정 관리가 안 돼서 오해를 받거나 손해를 본 경험이 있습니까?'라는 설문을 한 결과 64.4%가 '있다'라고 응답했다고 한다. 또한 '직장생활을 하는데 있어서 표정 관리가 필요합니까?'라는 질문에는 무려 95.9%가 '필요하다'라고 응답했다고 한다. 조직 생활 특히 직장생활에서의 표정 관리의 중요성을 이 설문조사를 통해 확인할 수 있다. 이 설문조사에서 특이한 것은 주변에서 표정 관리를 잘하는 사람에 대하여 응답자의 47.7%가 '사회생활을 잘한다'라고 응답했다는 사실이다. 이는 표정 관리가 개인이 조직 생활을 하는데 중요한 사항일 뿐만 아니라 개인의 능력으로도 비춰질 수 있다는 것이다. 그러므로 표정 관리는 사람이 살아가는 동안에 일어나는 대인관계에서 매우 중요한 위치를 차지할 뿐 아니라 원만하고 편안한 직장생활이나 사회생활을 유지하기 위하여 필요한 기술 중의 하나라고 할 수 있다. 또한, 일상생활에서도 사람들이 의사 표현을 하는 경우 상대방에게 직접적으로 언어적으로 표현하는 경우가 많지만, 표정으로 표현하는 경우도 많다는 사실은 평소 상호간 의사소통이나 커뮤니케이션에서도 표정 관리가 필요하다는 의미이다. 하지만 이러한 표정 관리가 실제 상황에서는 상당히 어렵게 느껴지고 있다. 앞의 설문 조사에서 자신의 표정 관리 능력에 대한 질문에 응답자 2명 중 1명인 51.5%가 '상황에 따라 어느 정도 가능하다'라고 응답했으나, '잘 안되어서 어색한 편이다'라는 응답도 36.1%나 되었다. 즉, 10명 중 4명 정도가 표정 관리 능력이 없다고 인식하고 있다는 것이다.

표정 관리와 관련하여 포커 페이스란 용어를 많이 사용한다. **포커 페이스**(poker face)란 주변 상황의 변화에 관계없이 느낀 감정이나 생각을 얼굴에 드러내지 않는 상태 또는 그 표정을 말한다. 도박인 포커판에서 아무리 좋거나 나쁜 카드가 들어와도 포커를 하는 사람의 얼굴에 좋고 나쁨을 확인할 수 있는 모습이 드러나지 않는다는 데서 유래된 말이다. 도박에서 돈을 따려면 패에 대한 자신의 감정을 타인에게 읽히지 않도록 포커 페이스를 유지해야 하기 때문에 일반적으로 포커 페이스를 가진 사람이 포커를 잘 하는 것으로 인식되고 있다. 이러한 포커 페이스가 최근에는 잘 통하지 않는 것으로 알려져 있다. 이유는 포커판에서는 상대방이 으레 포커 페이스를 할 것이라고 판단하고 이에 더욱 철저하게 대응하기 때문이다. 이러한 포커 페이스가 비즈니스 협상장에서도 많이 활용된다. 치열한 협상 과정에서 협상 상대방에게 협상의 주도권을 빼앗기지 않기 위하여 그리고 자신에게 유리한 협상 결과를 도출하기 위하여 협상 상대방이 자신의 표정에서 협상의 실마리나 단서를 얻지 못하도록 무표정, 즉 포커 페이스로 협상에 임하는 것이다. 이는 표정 관리가 일상생활이나 조직생활뿐 아니라 비즈니스 협상과 같은 업무 수행 영역에서도 적극적으로 활용되고 있음을 의미한다.

앞에서 표정 관리는 곧 얼굴 관리라고 하였는데, 표정 관리는 입, 눈, 턱의 움직임, 머리, 그리고 음성 등과 특히 관련이 있으며, 가장 긍정적이고 호감이 있는 표정은 웃는 표정, 즉 미소이다. 표정 관리의 가장 기본적인 요소는 미소이다. 미소는 비단 비즈니스나 서비스업에만 중요한 것이 아니라 언제나 일상생활에서 상대방에게 좋은 감정을 전달하는 표정이다. 미소는 언어로 표현하지 않더라도 상대방에게 호감을 주고 편안함을 느끼게 한다. 또한 미소는 상대방에게 자신의 생기발랄한 이미지를 전달하기도 한다. 좋은 얼굴 표정이 첫인상을 결정하는 가장 중요한 요소이고, 좋은 얼굴 표정의 핵심이 미소 짓는 얼굴이므로 항상 표정 관리에 관심을 가져야 하며, 자연스러운 미소가 연출될 수 있도록 꾸준한 노력과 연습이 필요하다. 미소 짓는 표정은 입 모양, 입의 움직임에 따라 결정된다. 미소는 입을 자연스럽게 다물고 입 양 꼬리를 살짝 들어 올리는 것으로 표현할 수 있다. 입에 힘을 주고 다물거나 입 모양이 일직선으로 된 경우는 미소 짓는 표정이 나올 수 없다. 미소 짓는 표정은 입 양 꼬리를 살짝 들어 올리는 것과 동시에 양쪽 눈의 끝을 살짝 내리는 경우 잘 표현된다. 다시 말해서 양쪽 눈 끝의 움직임이 없이 입 양 꼬리 부분만을 살짝 올리는 것은 상대방이 자신의 미소를 진실한 미소나 진심 어린 미소로 받아들이지 않을 수도 있다는 것이다. 턱의 움직임도 인간의 기분이나 성품을 나타내는 메시지이다. 일반적으로 턱을 수평에서 약간 아래로 내리는 것이 자신이 조심스럽게 행동하고 예의를 갖추고 있다는 인상을 상대방에게 준다. 이는 상대방을 인정하고 존중한다는 의미이기도 하다. 미소 짓는 표정에서도 턱을 들어 올리거나 내미는 것이 아니라 약간 내리는 것이 필요하다. 머리도 표정 관리에서 중요하다. 일반적으로 표정 관리에서 머리를 언급할 때는 적절한 헤어 스타일을 가리키지만, 청결한 머리 상태, 윤기있는 머릿결도 중요한 요소이다. 특히, 고객과 직접 대면하는 서비스업 종사자들의 경우 위생 개념의 차원에서 청결한 머리, 정돈된 머리가 중요하다. 장소 및 시기에 적합하고 개인의 신분이나 체형에 어울리는 헤어 스타일과 청결함은 머리라는 표정 관리에서 가장 기본적인 요소라고 할 수 있다. 음성 즉 목소리도 표정 관리의 중요한 요소이다. 보통 목소리에도 표정이 있다고 하는데 이는 음량이나 말의 속도를 조절함으로써 상대방에게 자신에 대한 확실한 이미지를 전달할 수 있다는 것이다. 안정적이고 부드러운 목소리는 경우에 따라서 외모를 능가하는 힘을 발휘하며 외모적 단점을 극복하기도 한다. 반대로 아무리 뛰어난 외모를 소유한 사람이라고 하더라도 작고 낮은 목소리로 인하여 외모가 표현하는 긍정적 이미지를 상실하게 하기도 한다. 입, 눈, 턱, 머리, 그리고 음성이 표정 관리에서 중요한 요소이지만 이에 더하여 상대방으로부터 호감을 얻는 표정 관리를 위한 가장 기본적인 행동은 상대방과 눈 맞추기이다. 상대방과 대화를 할 때 상대방의 눈을 맞추는 것은 상대방에 대한 자신의 관심 정도를 표현하는 것이다. 자신이 상대방에게 관심이 있고, 상대방을 인정하고 존중한다는 신호를 눈 맞춤을 통해 표현하는 것이다. 눈 맞추기는 비단 상대방과의 대화에만 국한하여 필요한 것이 아니라 직장 내에서 인사할 때, 회의할 때, 업무할 때에도 절대 필요한 것임을 잊지 말아야 한다.

3장

용모 및 복장

제 1 절 용모와 복장의 중요성

외모는 첫인상을 결정짓는 가장 결정적인 요소로, 아름다움에 대한 기본적인 판단뿐만이 아니라 키, 몸매, 피부 상태, 메이크업, 옷차림 등을 포함하는 요인들이 표현하는 것이다. 상대방을 처음 만났을 때 외모 중에서 얼굴을 가장 먼저 보고 그 다음에 스타일을 보는 것이 일반적이다. 용모는 상대방에게 자신에 대한 좋은 느낌이나 이미지를 전달하기 위하여 자신을 가꾸는 것으로 겉으로 드러나는 전체적인 모습을 지칭한다. 따라서 용모는 단 한 가지의 요소로 결정되는 것이 아니라 얼굴, 머리, 복장, 액세서리 등 복합적인 요소들에 의하여 결정된다. 이러한 복합적인 요소들이 시간, 장소, 상황과 조화를 이룰 때 용모가 긍정적인 이미지를 표출할 수 있다. 용모를 가꾼다는 것이 단순히 개인이 멋을 부리는 것만을 의미하는 것이 아니라 개인의 성공적인 삶을 위한 하나의 수단이자 사회생활이나 현실 비즈니스 세계에서 취할 수 있는 중요한 전략의 하나이기도 하다. 다시 말해서 용모는 개인의 인격이나 인품을 표현하는 것일 뿐 아니라 개인의 직장생활이나 업무 수행에도 커다란 영향을 미친다는 것이다. 나아가서 용모는 개인이 속해 있는 조직이나 직장의 분위기 및 문화를 가늠할 수 있는 척도로 작용하기도 한다. 결론적으로 용모를 관리하는 것은 개인이 삶의 경쟁력을 갖추기 위한 하나의 전술이자 전략이라고도 할 수 있다. 용모는 선천적으로 타고난 것일 수도 있지만, 개인의 생활환경이나 사고방식, 노력 여하에 따라 충분히 개선될 수 있다. 상대방을 배려하고 존경하는 사람일수록 자신의 용모에 대하여 더욱 세심하게 주의를 기울인다. 복장은 기본적으로 '제2의 피부'로 인간의 체온을 유지하고 신체를 외부의 위험으로부터 보호하는 역할을 수행하지만, 상대방에게 최소한의 예를 표시하는 역할도 수행한다. 복장은 개인에 대한 인상을 결정할 뿐 아니라 개인의 가치도 결정한다. 따라서 자신의 직업, 직위, 상황 등에 맞는 복장을 연출하는 것은 성공적인 비즈니스를 이루어내기 위한 능력의 하나이다. 복장을 연출할 때는 자신의 품격을 나타낼 수 있어야 하며, 자신이 편안함과 더불어 상대방을 인정하고 존경하며 배려할 수 있도록 하여야 한다.

용모 및 복장의 기본 원칙은 먼저 자신의 개성이나 스타일을 표현할 수 있어야 한다는 것이다. 하지만 너무 촌스럽지도 않아야 하며 지나치게 화려하거나 유행을 맹목적으로 추종하는 것은 바람직하지 않다. 두 번째 자신의 인격 및 품성과 자신이 몸담고 있는 조직의 이미지를 고려하여야 한다. 세 번째 항상 단정함과 청결함을 유지하여야 한다. 네 번째 시간, 장소 및 상황에 맞아야 한다. 즉 TPO(time, place and occasion)에 어울리는 용모 및 복장이어야 한다.

올바른 용모 및 복장을 연출함으로써 다양한 효과를 기대할 수 있다. 먼저 스스로가 자신감을 가지고 자신의 업무를 긍정적이고 적극적으로 수행할 수 있다. 두 번째 일의 성과가 향상된다. 세 번째 기분을 전환할 수 있다. 자신뿐 아니라 상대방도 더불어 좋은 느낌이나 감정을 가지게 된다. 네 번째 상대방에게 신뢰감을 준다. 다섯 번째 첫인상에 결정적인 영향을 준다.

제 2 절 용모 매너

앞에서 설명하였듯이 용모는 단 한 가지의 요소로 결정되는 것이 아니라 얼굴, 머리, 복장, 액세서리 등 복합적인 요소들에 의하여 결정되는데, 여기서는 얼굴, 머리(헤어 스타일), 기타 점검 사항으로 구분하여 설명하고 복장 및 액세서리는 복장 매너 부분에서 설명하기로 한다.

1) 남성의 용모

남성의 용모에서 먼저 얼굴의 경우, 항상 면도로 턱수염은 깨끗이 정리하고 구렛나루는 적당한 길이를 유지하게 한다. 구렛

나루의 경우, 안경을 착용하였을 때 안경다리 아래로 보이지 않도록 한다. 콧수염은 남아 있지 않도록 짧게 깎고 코털도 코에서 삐쳐 나오지 않도록 정리한다. 얼굴 피부는 기초 화장품을 발라 촉촉하게 하는 것이 좋으며, 입술도 마르지 않도록 립스틱을 발라주는 것이 좋다. 치아도 항상 깨끗하게 유지하는 것이 좋은데, 특히 상대방과 대화 시 구취가 나지 않도록 주의하여야 한다. 구취 제거를 위하여 휴대용 가그린 스프레이 제품을 소지하여 항상 상대방과의 대화나 회의 전에 입안에 뿌리고 임하는 것이 좋다. 두 번째 머리의 경우, 가장 기본적인 것은 머리는 언제나 청결하고 단정하여야 한다는 것이다. 앞머리는 눈을 뒤덮어서 상대방이 보기에 답답함을 느끼지 않게 길이를 적당하게 하는 것이 좋다. 옆머리는 양쪽 귀를 덮지 않도록 하고, 뒷머리는 드레스 셔츠의 깃을 넘지 않도록 한다. 한국인 남성의 경우 옆머리와 뒷머리를 이발기(일명 바리깡)로 밀어서 단정하게 보이는 스타일을 선호하지만, 실제 글로벌 비즈니스 현장에서는 상당히 예외적인 머리 스타일로 옆머리와 뒷머리를 자연스럽게 잘라서 단정하게 보이게 하는 것이 일반적이다. 지나친 염색 즉, 특별하게 튀는 색깔의 염색은 삼가고 머리 모양이나 형태도 업무 성격에 어울리게 하여야 한다. 단정한 헤어 스타일을 구현하기 위하여 젤이나 무스, 스프레이 등을 사용하는 것은 좋다. 기타 점검 사항에서 손과 손톱은 청결하여야 한다. 손이나 손톱이 더럽거나 이물질이 묻은 상태에서 상대방을 대하지 않는 것이 기본이지만, 손톱의 길이에도 주의하여 너무 길지 않게 적당하게 잘라 정리하는 것이 좋다. 향수는 정장 안쪽에 적당히 뿌려서 사용하는 것이 좋으나 너무 진한 향수를 사용하면 상대방에게 오히려 불쾌감을 줄 수 있기 때문에 유의하여야 한다. 실제 비즈니스 현장에서는 의외로 향수의 향에 아주 예민하게 반응하는 상대방이 많다.

2) 여성의 용모

여성의 용모에서 얼굴의 경우, 화장이 가장 큰 영향을 주는 요소이다. 자연스러운 피부 연출을 위하여 자신의 피부색과 유사한 화장품을 사용하는 것이 기본인데, 이는 지나치게 화려하거나 진한 화장은 삼가하여야 함을 의미한다. 자신의 피부와 입술을 단장하여 전체적으로 밝고 건강한 이미지를 연출할 수 있는 화장이어야 한다. 치아의 경우, 남성의 경우와 마찬가지로 항상 깨끗하게 유지하고 상대방과 대화 시 구취가 나지 않도록 주의하여야 한다. 구취 제거를 위하여 휴대용 가그린 스프레이 제품을 소지하여 항상 상대방과의 대화나 회의 전에 입안에 뿌리고 임하는 것이 좋다. 머리의 경우, 역시 가장 기본적인 것은 머리는 언제나 청결하고 단정하여야 한다는 것이다. 앞머리는 눈을 뒤덮어서 상대방이 보기에 답답함을 느끼지 않게 길이를 적당하게 하는 것이 좋다. 여성의 경우 머리가 긴 경우가 많기 때문에 긴 머리는 단정하게 묶거나 흘러내려 지저분하게 보이지 않도록 정리한다. 여성의 경우, 남성보다 염색을 하는 것이 더 일반적이지만 역시 특별하게 튀는 색깔의 염색은 삼가하여야 한다. 긴 머리를 단정하게 정리함과 동시에 자신만의 이미지를 돋보이게 하는 헤어 스타일을 구현하기 위하여 젤이나 무스, 스프레이 등을 사용하는 것은 좋다. 기타 점검 사항에서 손과 손톱은 청결하여야 한다. 남성의 경우처럼

손이나 손톱이 더럽거나 이물질이 묻은 상태에서 상대방을 대하지 않는 것이 기본이지만, 손톱의 길이에도 주의하여 너무 길지 않게 적당하게 잘라 정리하는 것이 좋다. 여성의 경우, 매니큐어를 바르는 것이 일반적인데 최근에는 '네일 아트(nail art)'가 보편화되면서 원색이나 자극적인 색으로 손톱을 치장하는 경향이 두드러진다. 하지만 실제 비즈니스에서는 두드러지지 않는 연한 색으로 치장하는 것이 좋다. 향수는 상의 안쪽에 적당히 뿌려서 사용하는 것이 좋으며, 치마를 입었을 경우는 치맛단 안쪽에도 적당히 뿌려준다. 남성의 경우와 마찬가지로 너무 진한 향수를 사용하면 상대방에게 오히려 불쾌감을 줄 수 있기 때문에 유의하여야 한다.

제3절 복장 매너

복장은 일반적으로 옷차림으로 이해하지만, 넓은 의미에서는 옷에 액세서리를 포함하는 개념이다. 복장은 개인의 인상에 커다란 영향을 주는 요소일 뿐 아니라 개인의 가치를 평가하는 기준으로도 작용한다. 특히 자신의 직업, 직위 및 상황에 맞는 복장은 성공적 비즈니스를 위한 절대 필수적인 요소이다. 한 취업포털에서 직장인 1,254명을 대상으로 설문조사[1]를 한 결과, 응답자의 74.4%가 '동료의 옷차림 때문에 짜증이나 불편을 느낀 적이 있다'고 대답하였다. 또한, 같은 설문조사에서 상대방의 꼴불견 옷차림은 업무에 '부정적 영향'(57.9%)을 미치는 것으로 나타났으며,

1) 2009년 6월 취업포털 커리어의 설문조사

'긍정적 영향'을 미친다는 의견은 3.4%에 불과하였다. 이 설문조사 결과는 직장생활에서 옷차림의 중요성을 다시 한번 상기시킴과 동시에 옷차림이 업무에 영향을 미칠 뿐 아니라 직장 동료의 감정이나 정서에도 영향을 미친다는 것을 증명한 것이다. 자신을 잘 표현하는 복장은 개인의 품격을 표현함과 동시에 자연스러움과 편안함을 잘 나타내기 때문에 상대방이 자신을 인정하고 존경하게 만드는 역할도 한다.

1) 남성의 복장

남성의 복장은 크게 정장, 셔츠, 넥타이, 구두, 벨트, 양말, 액세서리 등으로 나누어진다. 남성의 정장은 영국 잉글랜드 전통의상에서 비롯된 격식을 갖춘 옷차림을 일컫는 것으로 보통은 영어명 그대로 수트(suit)라고 하며, 우리 말의 정의는 상의와 하의를 같은 천으로 만든 한 벌의 양복이다. 오늘날 서구식 정장이 18세기 말 유럽과 미국의 귀족들의 복장에서 비롯된 것에서 알 수 있듯이 정장은 남성의 예의와 격식을 갖춘 옷으로 비즈니스를 위해서 뿐만 아니라 각종 회의, 발표, 예식 등 사람들과의 만남의 장에서 기본 옷차림이라 할 수 있다. 정장은 기본적으로 자신의 체형에 맞고 시간, 장소 및 상황에 어울리는 옷차림이어야 한다. 색깔은 청결하고 생동감 있는 청색 계열이 비즈니스 정장의 기본색상으로 가장 무난한 색상이다. 중후하고 지성적인 분위기를 연출하기 위하여 회색 계열의 정장을 입고, 부드럽고 온화하며 세련된 이미지를 연출하기 위하여 갈색 계열 정장을 입기도 한다. 격식을 갖춘 예복으로는 검정색 계열의 정장을 입는다. 정장 상의의 길이는 엉덩이 부위를 살짝 가리는 정도가 적당하며, 정장 바지의 길이는 구두 굽이 약간 보이는 정도로 양말이 보이지 않는 것이 좋다. 정장 바지의 가운데 선을 잘 다려서 주름이 생기지 않게 한다. 또한 정장 상의의 어깨 부분에 주름이 생기지 않도록 하여야 한다. 정장 상의의 단추는 2개의 경우 위쪽 단추만 채우고, 3개의 경우 위쪽 2개나 가운데 1개를 채운다. 정장 바지 뒷주머니에 지갑이나 손수건과 같은 소지품을 넣고 다니는 경우가 많으나 소지품이 들어간 주머니 부분이 부풀어져 상대방이 보기에 좋지 않으므로 소지품을 넣고 다니지 않는 것이 좋다. 셔츠는 보통 와이셔츠라고 하는데 이는 화이트 셔츠(white shirts)의 일본식 발음에서 비롯된 것으로 정확한 명칭은 드레스 셔츠(dress shirts)이다. 셔츠의 색상은 기본적으로 흰색이다. 변화를 주거나 포인트를 주기 위하여 색깔이 있는 셔츠를 입는 경우에도 옅은 색상으로 하는 것이 좋다. 이는 정상 색상과의 조화를 염두에 둔 것으로 정정 색상이 청색, 회색, 갈색, 검정색 등이므로 셔츠는 이와 대비되는 색상이 좋다는 것이다. 셔츠는 구김이 없어야 한다. 앞에서 인용한 설문조사에서 가장 꼴불견인 남성 옷차림으로 응답자의 48.4%가 '구겨지거나 때가 낀 셔츠'라고 대답하였다. 셔츠 단추는 모두 채워야 하고, 셔츠 소매의 길이는 정장 상의 소매끝에서 1~1.5cm 정도 나오도록 하는 것이 좋다. 그리고 반팔 셔츠는 착용하지 않는다. 최근에 특히 더운 여름에 쿨 비즈(cool business)의 영향으로 여름에는 정장 착용 시 반팔 셔츠를 착용하는 경향이 있으나 특히 비즈니스 에티켓 차원에서는 정장에 반팔 셔츠는 착용하지 않는 것이 원칙이다. 넥타이는 공적 석상에서 남성이 착용할 수 있는 몇 안 되는 액세서리 중 하나로 남성의 목걸이이자 남성성을 상징한다. 넥타이는 기본적으로 정장의 색상이나 스타일과 조화를 이루도록 하여야 한다. 넥타이는 정장의 필수 요소인 만큼 공식적, 사무적 이미지의 연출을 위하여 쓰이기도 하지만, 정장의 색상 선택에 어느 정도 제한이 있기 때문에 넥타이의 색상이나 무늬 등은 자신의 패션 감각을 표현하는 중요한 수단이 되기도 한다. 또한 넥타이는 정장의 멋을 더하는 효과 이상으로 성인 남성의 사회적 위치를 알리는 역할도 하며 직장인과 정치인들 상징하는 아이템 중 하나로도 자리매김하고 있다. 예를 들어 '넥타이 부대'는 화이트 칼라 직장인을 지칭하는 말로 흰색 셔츠에 넥타이를 매고 있다는 데서 비롯된 말이다. 부대라고 지칭한 것은 넥타이의 상징성으로 대변되는 이들의 단결력이나 결집력이 여타 사회집단보다 강력하기 때문이다. 넥타이는 얼룩이나 구김이 없어야 하며 느슨하지 않게 매는 것이 좋다. 넥타이의 길이는 복부 중앙에서 벨트 버클에 넥타이의 가장 넓은 부분이 닿도록 하는 것이 좋으며, 특히 조끼를 입었을 경우, 넥타이가 조끼 밑으로 나오지 않도록 하여야 한다. 구두는 정장과 어울리게 신어야 하고, 격식에 맞게 신어야 한다. 한국 남성의 경우 정장이든 캐주얼이든 옷차림의 용도에 불문하고 구두에는 별로 신경을 쓰지 않는 경향이 있다. 구두는 착용자의 얼굴이자 마음가짐의 상징이므로 항상 청결하게 유지하는 것이 중요하므로 구두약을 칠하거나 구두 표면을 깨끗이 닦는 형태로 평소 청결함을 유지하여야 한다. 구두 굽 관리도 중요한데 너무 닳은 구두 굽은 신체의 균형을 깨뜨리고 다리의 형태도 변형시킬 수 있으며, 자신을 초라하고 궁색하게 보이게 할 뿐 아니라 자기 관리에도 불성실하다는 인상을 줄 수 있다. 따라서 구두 굽을 포함하여 구두의 형태가 망가지면 안 된다. 구두약을 칠하는 것은 좋으나 구두 표면에 불광을 내는 것은 자신의 전체 패션의 품격을 떨어뜨리는 행위이므로 하지 않는 것이 좋다. 한국 남성의 경우 일반적으로 정장의 색상보다 어두운 색의 구두가 무난한 것으로 인식하고 있으며 갈색(브라운 색)이나 버건디를 기피하고 검정색 계통의 구두를 선호하지만, 구두는 정장의 색상과 매칭하는 것이 대단히 중요하다. 정장을 크게 청색, 회색, 갈색, 검정색으로 구분하였는데, 먼저 청색 정장인 경우 구두는 갈색(브라운 색) 계통이 좋으며 회색 정장인 경우 브라운 색과 버건디가 좋다. 갈색 정장은 밝은 갈색(브라운 색)이 좋으며 검정색 정장인 경우에는 갈색(브라운 색), 검정색, 버건디가 좋다. 구두는 발 모양에 따라 선택하는 법이 다르다. 볼이 넓고, 발등도 높은 경우에는 끈이 있는 구두가 잘 어울린다. 발바닥이 넓고 평평한 경우에는 소재가 부드럽고 유연한 구두를 선택하는 것이 좋으며, 체격에 비해 발이 작은 경우에는 앞코가 뾰족하거나 장식이 있는 구두를 선택하는 것이 좋다. 구두의 소재는 가죽이 가장 무난하며, 구두는 절대 구겨서 신지 않는다. 벨트는 정장 바지를 허리선에서 묶어주는 실용적인 역할을 할 뿐 아니라 정장과 조화를 이루어 포인트나 액센트를 주기도 하며 허리선의 아름다움을 강조하는 장식 효과도 크다. 벨트는 단순한 스타일이 좋으며, 정장의 색상보다 진한 색상을 선택하는 것이 좋다. 벨트의 버클은 벨트를 죄어 고정시키는 장치를 겸한 장식물을 말한다. 벨트의 버클로 자신을 돋보이게 하거나 이미지에 포인트를 주려고 하는 경우가 많은데, 너무 화려하거나 요란한 문양은 피하는 것이 좋다. 벨트의 굵기는 사람의 체격에 따르지만 대체로 허리를 감쌀 때 불편하지 않을 정도가 좋다. 양말은 기본적으로 구두의 색상과 조화를 이루도록 구두와 같은 색상이나 진한 색상을 선택하는 것이 좋다. 특히 격식있는 비즈니스 협상이나 회의에 참석하는 경우 비즈니스 정장을 착용하고 흰색 양말을 신는 것은 절대 피하여야 한다. 양말의 소재는 정장인 경우 실크 소재가 좋다. 양말을 착용하였을 때 발목의 맨살이 보이지 않도록 적당한 길이의 양말을 신도록 하여야 한다. 남성의 복장에서 액세서리로 대표적인 것이 시계이다. 원래 손목시계의 용도는 시간을 보는 것이었지만 최근에는 액세서리로써의 역할이 더 강조되고 있다. 정장에는 단순하면서도 투박하지 않은 금속성 자질의 시계가 어울린다. 또한 시계는 실제 비즈니스 세계에서는 자기 관리의 일면, 즉 시간을 잘 지킨다는 정확성의 이미지를 표현하기도 한다.

[그림 3-1] 남성 복장의 체크 포인트

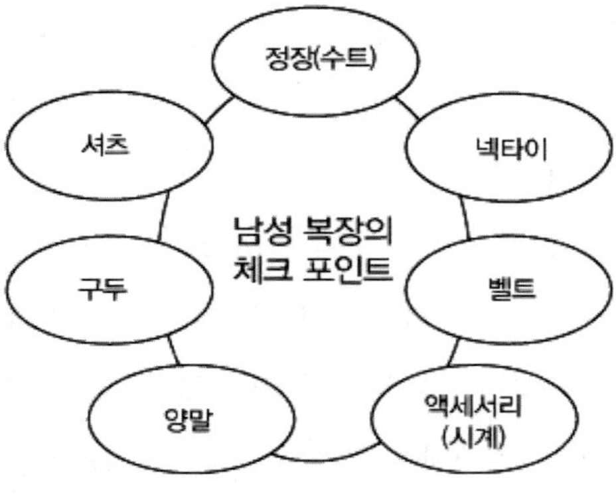

2) 여성의 복장

여성의 복장은 크게 자켓, 블라우스와 셔츠, 치마와 바지, 구두, 스타킹, 액세서리 등으로 나누어진다. 자켓은 원래 정장 전문 재단사가 만들었던 웃옷으로 현재는 의미가 확장 변형되어 정장과 같이 갖추어 입을 수 있는 웃옷을 의미하며, 흔히 마이나 콤비라고도 불린다. 자켓과 관련하여 세퍼레이트(separate)라고 하는 것이 있는데 이는 원래 위와 아래가 하나로 이어진 원피스에 대응한 말로 본래는 '분리된 것'이라는 뜻이다. 세퍼레이트는 상의와 하의를 같은 소재와 색상으로 만든 정장과 구별하여 다른 색상의 상의와 하의를 같이 입는 것으로 이해하면 된다. 세퍼레이트는 빛깔이나 소재가 다른 것을 사용하여 어딘가 공통된 느낌을 가지게 하고 조화를 이루게 한 옷차림으로, 상의와 하의를 각각 다른 옷과도 자유로이 조화시켜서 입을 수 있다는 장점이 있다. 하지만 세퍼레이트는 대조적인 아름다움을 고려한 것이 많아 정식의 복장이라고는 할 수 없으며, 상의와 하의가 한 벌로 된 정장이나 투피스와는 다른 것이다. 자켓은 기본적으로 단순한 색상이나 무늬를 선택하는 것이 좋다. 지나친 장신구가 달린 것은 피하여야 하며 어깨 부분을 과하게 강조하여 튀어나오거나 불룩한 스타일도 피하여야 한다. 자켓의 실밥이 눈에 띠이지 않게 하여야 하며 단추가 떨어져 있는지도 확인하여야 한다. 남성 정장에서와 마찬가지로 주머니에 소지품을 넣어 불룩하게 보이지 않도록 하여야 한다. 블라우스의 어원은 '늘어진 느낌의 불룩한 모양' 또는 '헐렁한 모양을 만든다'라는 뜻으로 어깨에서 허리선 또는 엉덩이선까지 걸쳐서 입는 헐렁한 여성용 상의를 의미한다. 따라서 블라우스는 여성이 겉에 입는 셔츠 모양의 몸에 딱 붙지 않는 웃옷의 한 형태라고 이해할 수 있다. 블라우스는 기본적으로 자켓이나 하의와 어울리는 색상과 스타일을 선택하여야 하는데 지나치게 튀는 색상이나 무늬는 피해야 하며 옅은 색상이 비교적 무난하다. 구김이나 얼룩이 보이지 않도록 하여야 하며 헤진 부분도 없어야 하고 단추가 떨어져 있어도 안된다. 블라우스를 착용할 때 특히 주의하여야 할 점은 너무 과하게 가슴이 패이거나 속이 비칠 만큼 얇은 블라우스는 절대 피하여야 한다는 것이다. 직장인들이 꼴불견이라고 지적한 여성의 옷차림에서 '가슴이 깊게 패인 상의'와 '속옷이 비칠 만큼 얇은 옷'이 꼴불견 옷차림의 1위와 2위를 차지한 설문조사 결과도 있다. 최근에는 블라우스 대신에 셔츠를 입는 경향이 두드러진데, 이는 블라우스에 비하여 셔츠가 여성들이 입기 편하고 옷 관리도 편리하다고 느끼기 때문이다. 하지만 직장인들이 생각하는 꼴불견 옷차림에서 '민소매 셔츠'와 '몸에 딱 붙는 티셔츠'를 구체적으로 언급한 설문조사 결과로 본다면 셔츠 착용 시에도 주의하여야 한다는 것을 시사한다. 치마는 허리에 걸쳐 엉덩이와 발 전체 또는 일부를 덮는 원뿔 또는 원통형의 옷의 종류를 말하는데, 스커트라고도 한다. 치마는 현재 남성이 거의 입지 않는 옷이기 때문에 여성이 주로 입는 것으로 인식되고 있고, 동서양을 막론하고 예의를 갖춰야 할 자리에서는 여성의 엄정한 드레스 코드로 정해져 있기도 하다. 여성 군인, 여성 경찰 등의 정복, 여학생의 교복 등 치마와 바지를 선택할 수 있거나 치마만 있는 것이 대부분이다. 치마의 끝단은 유행이나 착용자의 취향에 따라 허벅지 위로 올라갈 수도 있고, 땅에

닿을 정도로 길 수도 있다. 하지만, 비즈니스 옷차림에서는 치마의 길이가 적당하여야 하며 지나치게 짧은 치마는 상대방을 불편하게 할 수 있다. 특히 미니 스커트가 1960년대 여성의 사회활동을 억압하는 답답한 긴 치마를 벗어던진 활동적인 신여성을 상징하는 옷으로 자리매김한 이후 치마를 짧게 입는 것이 트렌드이자 자연스러운 옷차림으로 직장생활에서도 받아들여지고 있다. 하지만, 최근 직장인들의 꼴불견 옷차림에 대한 설문조사에서 '지나치게 짧은 미니 스커트'가 1위를 차지할 정도이므로 여전히 미니 스커트, 짧은 치마에 대한 직장인들의 시선은 너그럽지 못하다. 따라서 치마의 길이에 특히 유의하여야 하는데 일반적으로 치마의 길이는 무릎 위로 5cm 이상 올라가지 않도록 하여야 한다. 치마에 과도한 주름이 있거나 지나치게 화려한 무늬가 있는 것을 피하여야 한다. 또한 움직였을 때 지나치게 퍼지는 폭이 넓은 치마도 피하여야 한다. 바지는 최근 여성의 치마를 대신하여 많이 착용하는데 여성의 정장을 위한 디자인 개념으로 여성이 바지를 입게 된 것은 대략 1969년 프랑스 패션디자이너 이브 생 로랑이 최초의 여성 바지 정장 패션쇼를 개최한 이후라고 한다. 바지는 치마와 비교하여 훨씬 활동하기 편하고 치마의 길이와 같이 주위의 시선을 고려하여야 하는 부담감도 적기 때문에 여성들이 많이 착용하며 직장생활을 위한 정장 개념의 바지 외에도 평상복, 외출복으로 바지를 즐겨 입는다. 하지만, 치마와 마찬가지로 바지도 너무 화려한 무늬가 있거나 폭이 과하게 넓은 것은 피하여야 한다. 구두는 남성의 구두와 같이 정장과 어울리게 신어야 하고, 격식에 맞게 신어야 한다. 또한 구두는 착용자의 얼굴이자 마음가짐의 상징이므로 항상 청결하게 유지하는 것이 중요하므로 구두약을 칠하거나 구두 표면을 깨끗이 닦는 형태로 평소 청결함을 유지하여야 한다. 여성용 구두의 한 종류인 펌퍼스는 끈이나 고리 등을 붙이지 않고 신발의 앞부분이 낮으며 발등 부분이 넓고 깊게 디자인되어 있어 쉽게 신고 벗을 수 있다. 대개의 경우 굽이 높지 않은 디자인이 주를 이루어 여성용 정장 차림에 주로 착용한다. 발꿈치 부분이 높게 들어 올려진 신발로 넓은 의미에서 굽이 높은 신발을 의미하는 하이힐도 여성 구두로 많이 착용한다. 하지만 직장인들의 꼴불견 옷차림에서 '10cm가 넘는 킬힐'을 꼴불견 구두로 지목한 만큼 패션 감각이나 신체 각선미만 생각하는 구두 착용은 신중하여야 한다. 남성 구두와 같이 여성 구두의 경우도 구두 굽 관리가 중요한데, 여성 구두의 경우 굽이 남성 구두보다 높기 때문에 구두 굽 관리는 더욱 중요하다. 구두 굽이 지나치게 높지 않아야 하며 구두 굽이 너무 닳은 상태로 신고 다녀서는 안된다. 구두 형태에서는 구두 끝이 너무 뾰족한 형태는 피하는 것이 좋으며 구두 뒤축을 구겨 신지 않아야 한다. 스타킹은 발과 다리를 감싸는 목이 긴 여성용 양말로, 나일론 등으로 제조하여 얇으면서도 신축성이 강한 것이 특징인데 20세기 나일론의 개발과 함께 대중화되었다. 여성이 외출할 때 대다수는 맨얼굴로 나가지 않고 화장을 하고 나가듯이 스타킹을 다리에 일종의 메이크업(화장)을 하는 개념이라고 설명하는 사람도 있다. 실제로 평범한 여성의 맨다리는 피부톤이 그대로 나타나고 경우에 따라서는 울긋불긋하게 보일 수도 있는데 피부색과 어울리는 스타킹을 신으면 이를 자연스럽게 처리할 수 있다. 스타킹이 피부를 감싸는 역할도 하지만 기본적으로 옷과 구두에 어울리는 색상을 선택하여야 한다. 무늬가 있는 스타킹은 피하는 것이 좋으며 발목 부분에 스타킹이 내려와 주름이 지지 않는지 반드시 확인하여야 한다. 무더운 날씨에도 스타킹은 반드시 착용하여야 하며, 특히 올이 터지거나 찢어진 스타킹을 신어서는 안된다. 여성 액세서리의 경우 가장 대표적인 것이 귀걸이와 목걸이이다. 귀걸이와 목걸이는 여성용 장신구 중 가장 기본적인 아이템이므로 여성 복장에서 빠져서는 생각하기 어려운 요소이다. 하지만 귀걸이와 목걸이가 여성의 화려함이나 자신감, 금전적 여유를 표현하는 장신구로써의 역할을 충분히 하지만, 지나친 귀걸이와 목걸이 착용으로 상대방이 자신을 산만하게 인식할 수 있을 수도 있다. 따라서 귀걸이와 목걸이는 개인의 나이와 신분에 어울리게 착용하여야 하며 가능하면 장식이 많지 않은 단순한 스타일을 착용하는 것이 좋다. 액세서리 중 여성에게 중요한 다른 아이템의 하나는 가방이다. 가방은 물품을 넣어 보관하거나 휴대하는 용도로 만들어진 용구로 넓은 의미로는 자루와 배낭 등을 모두 포함하지만 좁은 의미로는 손잡이나 어깨끈이 달린 것만을 가방이라고 한다. 가방의 실용적인 목적 외에도 최근에는 보기 좋게 만들어진 가방을 장신구처럼 휴대하고 다니는 사람들이 많다. 여성용 가방 중에서 대표적인 것은 핸드백과 토트백이다. 핸드백은 현대인들이 항시 휴대할 물건이 점점 많아지면서 이를 수납하는 가방을 필수적으로 휴대하는 경우가 늘어나고 있는데 특히 스마트폰을 포함한 휴대용 IT 기기의 크기가 커지면서 주머니에 넣고 다니기가 불편해진 오늘날에는 사실상 여성들의 필수품처럼 쓰는 가방이다. 토트백(tote bag)은 보통 손잡이가 2개 있어 다용도로 쓰이는 소형 가방을 말한다. 주로 사각형 모양을 하고 있으며 가방 상단만 개방되어 있는 경우가 많다. 일반적으로 튼튼한 캔버스 원단과 나일론, 가죽 등으로 만들어지는데 내부에 지퍼가 있어 부분으로 나누어진 것도 있다. 토트 (tote)는 운반 (carry)이라는 뜻으로 1900년대에 가방의 명칭에 사용되게 되었다. 핸드백이든 토트백이든 가방은 구두의 색상과 일치하는 것이 좋다. 목적 및 장소에 어울리는 가방을 들어야 하며 자신의 신체의 크기에 맞는 가방이어야 한다. 또한 가방의 액세서리적 기능을 고려한다면 전체 의상을 고려하여 선택하여야 한다.

[그림 3-2] 여성 복장의 체크 포인트

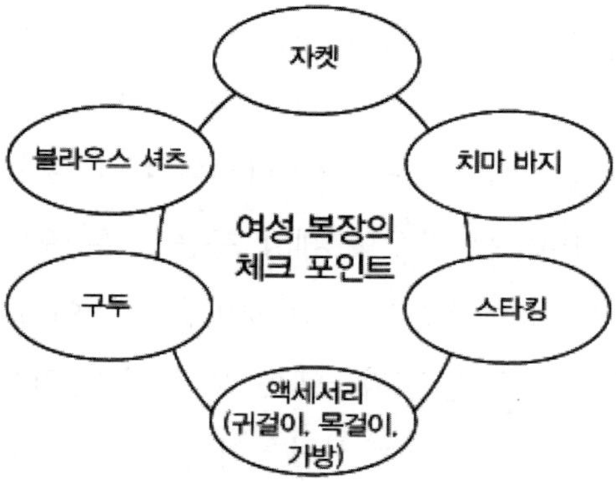

4장

인사 예절

제 1 절 인사의 중요성

인사의 사전적 정의는 '사람'을 의미하는 인(人)과 '일'을 의미하는 사(事)가 합쳐진 말로 사람들 사이에서 지켜야 할 예의를 지칭하여 만나거나 헤어질 때 예를 갖추기 위한 행동이다. 또한 인사는 처음 만나는 사람끼리 서로 이름을 통하여 자기를 소개하는 말이나 행동이며, 입은 은혜를 갚거나 치하할 일에 대하여 예의를 차리는 말이나 행동이기도 하다. 따라서 인사는 예절의 기본이며 인간관계의 시작으로 도덕과 윤리형성의 기본이라고 할 수 있다. 이러한 인사는 상대방의 인격을 존중하는 의미와 상대방에 대한 존경과 친절을 나타내는 외적 표현이며, 원만한 사회생활과 대인

관계 유지를 위해 필요한 행위로서 현대사회에서 성공적인 대인관계와 경쟁력을 갖추기 위해 반드시 갖추어야 할 능력이기도 하다. 인사가 중요한 이유는 여러 가지가 있다. 인사는 상대를 존중하는 마음이자 호감을 드러내는 표시이며 즐겁고 명랑한 사회생활과 원만한 대인관계의 기초가 된다. 진심이 담긴 인사는 상대방을 감동시키며 마음의 문을 여는 열쇠이기도 하다. 인사는 인격과 교양을 표현하는 수단이며 인간관계의 시작이고 끝이기도 하다. 인사에도 원칙이 있는데, 이를 **인사의 5원칙**이라고 한다. 5가지 원칙은 내가 먼저, 상대방의 눈을 보고, 밝은 표정과 큰 목소리로, 정중한 태도로, 때와 장소에 맞게 인사하기이다.

[그림 4-1] 인사의 5원칙

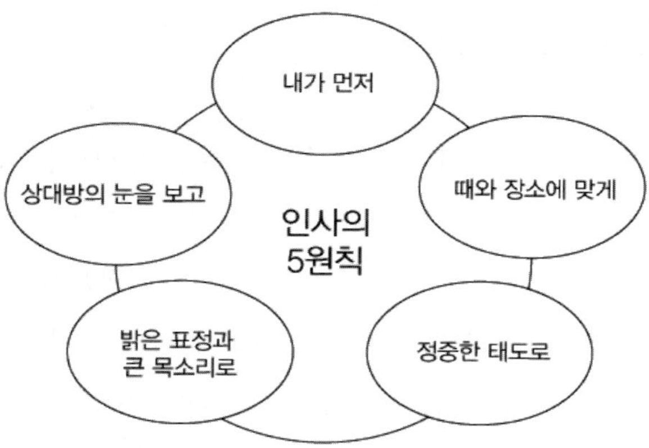

인사도 몇 가지 종류로 구분할 수 있는데, 이를 정리한 것이 [표 4-1]이다.

[표 4-1] 인사의 종류

구분	자세	상황
목례	가볍게 머리만 숙임	- 업무나 통화 중일 경우 - 무거운 짐을 나르는 경우 - 화장실 등 인사가 다소 불편한 경우 - 회사에서 모르는 사람과 마주쳤을 경우
가벼운 인사	상체를 15도 정도 숙임	- 반복하여 상사를 만나는 경우 - 엘리베이터 등 좁은 장소인 경우
보통 인사	상체를 30도 정도 숙임	- 일반적 경우
정중한 인사	상체를 45도 정도 숙임	- CEO나 VIP 등을 만나는 가장 격식을 갖춘 경우 - 감사나 사죄를 전하는 경우 - 면접인 경우

인사와 관련하여 손의 움직임이나 위치도 중요한데, 이를 **공수**라고 한다. 공수는 두 손을 어긋나게 마주 잡는 것을 지칭하는데 **차수**라고도 한다. 공수의 기본자세는 먼저 두 손의 손가락을 가지런히 붙여서 편 다음 앞으로 포갠다. 다음은 엄지손가락은 깍지를 끼듯이 교차시켜 포개는데 위에 있는 손 엄지로 아래에 있는 손 엄지를 꼭 감아쥔다. 마지막으로 아래에 있는 손의 네 손가락은 가지런히 펴고 위에 있는 손의 네 손가락은 아래에 있는 손을 살짝 감아쥔다. 평상시에는 남자는 왼손이, 여자는 오른손이 위로 가도록 두 손을 포개어 잡는다. 흉사 시에는 반대로 남자는 오른손이, 여자는 왼손이 위로 가도록 잡는다. 제사는 흉사가

아니므로 평상시대로 한다. [표 4-2]는 올바른 공수법을 정리한 것이다.

[표 4-2] 올바른 공수법

구분	남성	여성
기본 자세	- 턱은 당기고 시선은 정면을 향함 - 왼손이 위로 가게 함 - 양발은 어깨 넓이로 벌리고 11자로 섬 - 등은 곧게 하고 가슴은 폄	- 턱을 당기고 시선은 정면을 향함 - 오른손이 위로 가게 함 - 무릎과 양발을 붙이고 양발의 각도는 30도 정도로 유지 - 등은 곧게 하고 가슴은 폄
서는 자세	- 바로 일어섬	- 한쪽 발을 반보 정도 앞으로 내밀어 딛고 일어서면서 양발을 가지런히 모음
앉는 자세	- 양발을 어깨 넓이로 벌리고 앉음 - 주먹을 가볍게 쥐고 양쪽 무릎 위에 올려놓음	- 한쪽 발을 반보 정도 뒤로 가져가 치맛자락을 누르면서 천천히 앉음 - 무릎과 발끝은 붙이고 손은 가지런히 모아서 무릎 근처 치맛자락 위에 올려놓음

제 2 절 소개 예절

첫 만남에서 자신이 갖는 상대방에 대한 인상이나 감정, 이미지는 이후 지속적인 상호관계를 유지하는 동안 계속된다. 따라서 첫 만남에서 자신을 상대방에게 소개하거나 다른 사람을 소개하는 방식이나 예절은 대단히 중요하다. 자신을 소개하고 상대방을 소개받는 순간 격식에 맞지 않는 행동을 한다면 자신도 인식하지 못한 상황에서 상대방에게 자신이 예의없는 사람으로 비춰질 수 있다. 이는 향후 인간관계나 비즈니스 관계에 좋지 못한 영향을 미칠 수 있음은 당연하다. 그러므로 소개 순서나 방법, 소개 시 주의 사항을 인지하는 것은 현대사회에서 필수 불가결한 에티켓이라 할 수 있다.

소개 순서는 사람을 처음 만날 때는 양쪽을 모두 아는 제3자가 두 사람을 소개하는 경우와 스스로 누군가에게 접근하여 자신을 소개를 하는 경우가 있다. 올바른 소개 순서는 다음과 같다. 연소자를 연장자에게 먼저 소개한다. 마찬가지르 후배를 선배에게 먼저 소개하고 하급자를 상급자에게 먼저 소개한다. 남성을 여성에게 먼저 소개하고 미혼자를 기혼자에게 먼저 소개한다. 지명도가 낮은 사람을 지명도가 높은 사람에게 먼저 소개하고 친한 사람을 친하지 않은 사람에게 먼저 소개한다. 고객이나 외부 인사에게 회사 동료를 먼저 소개한다. 한 사람과 여러 사람을 동시에 소개하는 경우 한 사람을 여러 사람에게 먼저 소개한다. 하지만 때에 따라 몇 가지 기준이 충돌하는 경우가 있는데 이 때에도 나름대로 규칙이 있다. 예를 들어 직위는 연령에 우선하고, 지명도가 높은 자신의 가족보다 손님이 우선이며, 남성의 지위가 아주 높은 경우 여성을 남성에게 먼저 소개한다.

소개 방법은 먼저 소개 시에는 모두 일어나는 것이 원칙이다. 성직자, 연장자, 지위가 매우 높은 사람을 소개받을 때는 남녀 관계없이 일어나는 것이 원칙이지만, 환자나 노령자는 예외이다. 남성이 여성을 소개받을 때는 일어나는 것이 기본이지만 여성이 남성을 소개받을 때는 반드시 일어날 필요는 없다. 하지만 파티나 회의, 미팅을 주최하는 여성(호스티스)은 상대방이 남성이라도 일어서는 것이 예의이다. 동성끼리 소개말을 주고받을 때는 함께 일어난다. 동성간 소개라면 악수를 하는 것이 보통이지만, 이성간 소개인 경우 여성 쪽에서 간단히 목례와 미소를 보내는 것으로 충분하다. 연장자가 악수 대신 간단한 인사를 한다면 연소자도 이에 따른다. 우리나라에서는 소개를 받으면 명함부터 건네는 것이 관례지만 외국은 항상 그렇지는 않다. 소개 시에는 자신의 이름을 정확하게 전달하고 상대방의 이름을 주의하여 듣도록 한다. 이름을 정확하게 듣지 못했을 경우 상대방에게 직접 묻지 말고 제3자에게 확인하는 것이 좋다.

그 외 소개 시 주의 사항은 다음과 같다. 소개 후 대화 시 정치, 종교, 금전, 신체와 관련된 내용은 초면인 사람과는 피해야 할 주제이다. 가장 손쉽게 접근할 수 있는 대화의 주제로는 문화, 예술, 여행, 스포츠 등이다. 혼자 일방적으로 말하거나 반대로 조용히 앉아만 있는 것도 실례이다. 또한 가족, 직장 문제 등 지나치게 개인적인 주제는 꺼내지 않는 것이 좋다. 소개를 받은 후 헤어질 때도 매너가 있다. 적은 인원의 파티에서 자리를 뜨는 경우 소개를 받았던 모든 사람에게 인사를 한다. 사람이 많은 회의나 파티인 경우는 호스티스, 호스트와 자기 주변의 사람에게만 인사하면 된다. 이 경우에도 사람들의 주의를 끌지 않도록 작은 목소리로 정중하게 인사하도록 한다. 작별 인사를 할 때 역시 일어서는 것이 예의이다.

제 3 절 악수 예절

악수는 두 사람이 손을 맞잡고 이후 맞잡은 손을 위아래로 흔드는 의식적인 행위로, 대개는 만날 때, 헤어질 때, 축하할 때, 합의를 끌어냈을 때 행해지는 세계적으로 가장 보편적인 인사 방법 중 하나이다. 악수는 서양의 인사 방법으로 손에 무기가 없다는 것을 보여줌으로써 상대방에게 우호적인 감정을 나타내기 위한 것에서 유래되었다. 악수는 상대방에게 자신의 선의를 보이기 위한 것이며, 악수할 때 다양한 표현이나 감정을 전달할 수 있기 때문에 사교활동 시 아주 중요한 행위의 하나이기도 하다. 특히 직장생활에서 빠질 수 없는 것이 회의나 미팅이고, 이러한 회의나 미팅에서 새로운 사람과 처음 인사할 때 악수는 첫인상을 결정짓는 데 중요한 역할을 할 뿐 아니라 비즈니스 성공 여부를 결정짓는 데도 커다란 영향을 미친다.

악수에도 여러 가지 원칙이 있다. 악수는 상급자가 하급자에게, 연장자가 연소자에게, 선배가 후배에게, 여성이 남성에게, 고객이 직원에게, 기혼자가 미혼자에게 먼저 청한다. 악수는 반드시 오른손으로 하여야 하며 비즈니스의 경우는 2~3번 정도 흔드는 게 적당하다. 손이 더럽거나 기타 악수를 하기 어려운 경우에는 정중히 양해를 구하는 것이 좋다. **악수의 5요소**도 있는데, 이는 미소, 눈 맞춤, 적당한 거리, 적당한 힘, 리듬이다. 악수할 때는 자연스럽고 부드럽게 미소를 지으면서, 상대방의 눈을 응시하고, 팔꿈치가 자연스럽게 굽혀지는 정도의 적당한 거리를 유지하고, 적당한 힘으로 손을 잡으며, 손을 지나치게 흔들지 않고 2~3번 정도 리듬감 있게 흔든다.

악수할 때 주의하여야 할 사항은 우선 악수할 때 몸을 앞으로 살짝 기울이는 것은 호감의 표시일 수 있지만, 몸을 너무 많이 앞으로 숙이지 않아야 한다. 2~3초 정도 살짝 손에 힘을 주어 잡고 호의를 표하는데 손을 잡고 과하게 흔드는 것은 경망스러워 보일 수 있으니 주의하여야 한다. 손에 땀이 많은 사람은 손수건을 준비하여 손의 땀을 닦고 바지나 상의 등의 옷에 닦지 않도록 한다. 슬픈 일이나 좋지 않은 일에서는 절대로 악수를 해서는 안 된다. 특히, 조문 시 상주와 악수를 하지 않는다.

[그림 4-2] 악수의 5요소

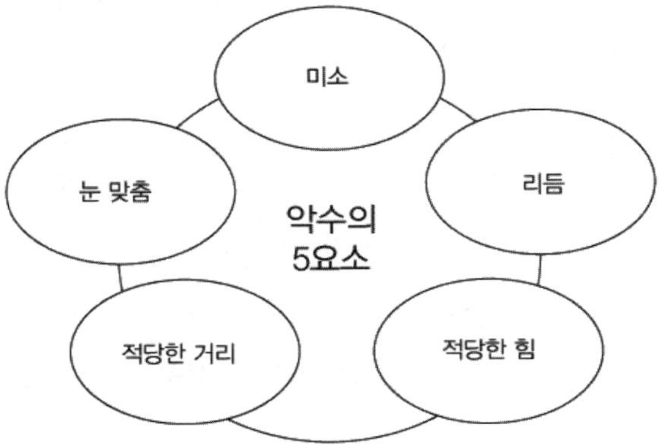

악수의 유형 중 삼가야 할 유형이 있다. 첫 번째 **죽은 생선(dead fish) 악수**이다. 이는 손을 상대방에게 맡겨놓고 정작 자신은 손에 전혀 힘을 주지 않는 형태로 본인의 감정이 전혀 전달되지 않아 상대방의 기분이 나빠지는 악수 유형이다. 악수가 무성의하게 느껴져 악수를 받는 상대방까지 힘이 빠지는 악수 방법이다. 두 번째는 **장갑(glove) 악수**이다. 이는 죽은 생선(dead fish) 악수의 반대되는 개념으로 악수할 때 상대방의 한 손을 자기의 두 손으로 꼭 쥐고 마구 흔드는 악수 유형이다. 이 악수 방법은 상대방에게 반가움을 잘 표현하기 위한 악수이지만 상대방이 자신과 같은 느낌이 아닌 경우에는 부담스러울 수 있으며, 서양에서는 아예 피하고 경계하는 악수 방법이므로 주의하여야 한다. 세 번째는 **뼈가 으스러지는(bone crush) 악수**이다. 이는 말 그대로 뼈가 으스러지도록 세게 손을 잡는 악수 방법으로 종종 상대방에게 반가움이나 친근감을 잘 표현하기 위한 악수로 인식하는 경우도 있다. 하지만 상대방은 물리적인 고통을 느끼며 때에 따라서는 상대방에게 무례하다는 인상을 줄 수 있다. 특히 비즈니스 협상과 같은 상황에서는 처음 만난 사람에게 힘을 주어 악수를 하는 것은 상대방을 꼭 이기고야 말겠다는 뜻으로 상대방에게 전해질 수 있으니 주의하여야 한다. 네 번째는 **혼합형 악수**이다. 이는 상대방의 손을 잡은 채로 허리를 90도 굽혀 인사를 하는 악수 유형이다. 손을 잡는 것은 서양식이고 허리를 굽히는 것은 한국식 인사로 귀한 손님을 만나거나 특별한 예의를 갖출 때 하는 동서양 인사를 혼합한 악수 방법이다. 몸이나 고개를 살짝 숙이는 것은 호감과 존경의 표시일 수 있지만, 너무 많이 숙이면 상대방에게 부담을 주게 되고 특히 서양 사람에게는 당혹감을 줄 수 있으므로 피하는 것이 좋다.

그 외에도 악수할 때 주의하여야 할 사항은 다음과 같다. 남성은 악수할 때 장갑을 벗는 것이 예의이다. 하지만 누군가 악수를 청하며 손을 내밀 때 당황하여 장갑을 벗느라 상대방을 기다리게 하는 것보다 양해를 구한 후 장갑을 낀 채로 신속하게 악수를 하는 것이 좋다. 여성은 실외에서 악수하는 경우 장갑을 벗을 필요가 없이 낀 채로 해도 무방하다. 악수할 때 반대쪽 손을 주머니에 넣는 것은 무례한 행동으로 보일 수 있으며 특히 동양권 문화에서는 왼손을 바지에 넣고 악수하는 것은 상대방을 무시하는 결례로 인식하는 경향이 강하다. 대표적인 예로 2013년 4월 세계적인 기업인과의 만남에서 박근혜 대통령과 마이크로소프트(Microsoft) 창시자 빌 게이츠의 악수가 뜨거운 논란을 빚었다. 빌 게이츠가 왼손을 바지 주머니에 넣은 채 대통령과 악수를 하였기 때문이다. 평소 빌 게이츠의 악수 모습에서는 특이한 경우가 아니었지만 이러한 논란이 빚어진 배경에는 문화와 관습의 차이가 있다. 즉 서양식 문화에서는 논란의 여지가 없는 가벼운 악수일 수 있지만 악수한 장소가 한국이었기 때문에 빌 게이츠의 악수 태도가 무례하다고 비난하였던 것이다. 따라서 나라마다 다양한 문화와 관습의 차이가 있으므로 상대방과 상황에 따라 적절한 악수를 하여야 한다. 또한 상대방이 악수를 청했는데 받아주지 않는 것은 상대방를 대놓고 무시하는 행위이므로 절대 삼가하여야 한다. 악수할 때 상대방과 자신과의 거리는 50~100cm 이내가 적당하며 너무 멀리서 하면 실례이다. 악수한 상태에서는 이야기를 오래 하지 않는다. 악수를 한 다음 이야기를 하는 것이 좋다. 악수한 뒤 상대방이 보는 앞에서 손을 닦는 것은 무례한 행동이다. 악수 전에 손을 닦는 행위는 오히려 상대방을 배려하는 것이기 때문에 보여도 관계없다. 앉아 있을 때 상대방이 악수를 청하면 즉시 일어나서 악수를 건넨다.

제 4 절 명함 예절

명함은 조직이나 회사에 소속한 개인이 자신의 이미지와 존재를 알리기 위해 사용되는 중요한 요소로, 상대방에게 자신의 소속과 성명을 알리고 증명하는 역할을 한다. 특히 비즈니스 세계에서는 첫인상과 이미지가 굉장히 중요한데, 명함은 비즈니스 관계에서 초면에 자신을 확실하게 기억하게 하는 중요한 역할을 한다. 이러한 명함은 상대방에게 자신을 밝힘으로써 편안하게 대화할 수 있고 친밀하게 다가갈 수 있도록 하는 수단으로 많이 사용되어 왔다. 명함은 프랑스 루이 14세 때 처음 생겨 루이 15세 때에는 현재와 같은 동판 인쇄 명함을 사교상의 목적으로 사용하였다고 한다. 고대 중국에서는 지인의 집을 방문했을 때 지인이 부재 시 자기 이름을 써 놓고 오는 관습이 있었고 이것에서 명함이 유래되었다고도 한다. 중국 최초의 명함은 고대 중국에서 대나무를 잘라서 만든 것이라고 알려져 있는데, 각 나라마다 명함의 크기와 사이즈가 다르며 디자인도 각양각색이다. 명함이 그 사람의 얼굴을 대신한다는 점에서 다양한 디자인으로 자신의 취향을 표현한다. 현대에 와서는 보편적으로 85mm x 54mm 규격의 카드 형태를 사용하는데, 일반적으로 종이 재질이지만 간혹 얇은 플라스틱 명함을 쓰는 경우도 있다. 명함에는 본인의 이름만 기입하는 경우도 있지만, 일반적으로는 소속 회사, 직위, 직책, 성명 등을 상세히 기록하는 경향이 강하다. 비즈니스 세계에서는 상호간 명함을 주고받는 행위부터 상당히 중요한 의미가 있는데, 이는 거래 상대방에 대한 예의의 표현이라고 간주하기 때문이다. 동남아 일부 국가에서는 명함의 두께가 어느 정도 그 사람의 지위를 반영한다고 한다. 직급이 낮은 실무자는 신문에 껴오는 광고지처럼 얇은 종이를 사용하고, 직급이 높은 경우는 일반적인 명함보다 아주 두꺼운 종이를 사용한다고 한다.

명함은 명함 케이스나 명함 지갑에 넣어 다니는 것이 기본적 예의이다. 명함을 다발에 고무줄로 묶거나 하여 속주머니에 넣고 다니는 경우가 있는데 이런 경우 명함이 잘 쥐어지지 않거나 몽땅 흘러내리는 실수가 발생할 수 있고, 정장을 착용한 경우 정장 바지 주머니에 명함을 넣어 두는 것은 바지 주머니 부분이 부풀어져 상대방이 보기에 좋지 않다. 명함 케이스나 명함 지갑은 여러 종류의 명함을 분배하여 들고 다닐 수 있으며 어느 주머니에든 넣을 수 있어 편리하며 가죽, 철제, 플라스틱, 나무, 천 등 다양한 재질로 만들어진다. 사회생활이나 직장생활을 하면서 많은 명함을 주고받지만, 정작 의미가 있고 실질적으로 연락을 취하는 사람은 많지 않기 때문에 명함은 정리할 때 애로사항이 나타나기도 한다. 받았던 명함을 그냥 버리는 것은 향후 연락할 일이 발생할 지 모르고 다시 만나면 상대방에게 실례가 될 수 있으며, 모든 명함을 그대로 보관하려고 하면 너무 많아 보관이 쉽지 않고 분류에도 곤란을 겪게 된다. 최근에는 명함 자체를 스마트폰으로 교환하는 모바일 명함도 등장하였고 스마트폰으로 명함을 사진으로 찍으면 명함에 기록된 이름과 전화번호 등을 자동으로 인식해주는 애플리케이션도 등장하여 명함의 보관 및 분류의 수고를 덜어 주고 있다.

명함을 건넬 때는 명함 케이스나 명함 지갑에서 꺼내어 아랫사람이 윗사람에게 먼저 건네는 것이 기본이다. 또한 소개의 경우는 소개를 받은 사람부터 명함을 먼저 건네는 것이 예의이며, 방문한 곳에서는 상대방보다 방문자가 먼저 명함을 건네도록 한다. 명함은 선 자세로 교환하는 것이 예의이고, 테이블 위에 놓고서 손으로 밀거나 서류 봉투 위에 놓고서 상대방에게 건네는 것은 예의가 아니다. 명함을 내밀 때는 정중하게 인사를 하면서 자신의 소속과 성명을 밝히면서 두 손으로 건네도록 하는데, 이 때 명함을 왼손으로 받쳐서 오른손으로 건네되 자기의 성명이 상대방 쪽에서 보아 바르게 보이게끔 건넨다. 한쪽 손으로는 자기의 명함을 주면서 다른 한쪽 손으로는 상대방의 명함을 받는 동시 교환은 부득이한 경우가 아니면 실례이다. 사내에서 방문객을 맞이할 경우는 명함을 건네면서 자신의 이름만 말하여도 된다. 상급자와 함께 상대방에게 명함을 건넬 때는 상급자가 건넨 다음에 건네도록 한다. 상대방이 두 사람 이상일 때에는 직급이 높은 사람에게 먼저 건넨다. 자신의 상급자를 대신하여 타사를 방문하는 경우 상급자로부터 명함을 받아서 가지고 가서 전달하면서 자신의 명함도 함께 주고 오는 것이 좋다.

명함을 받을 때는 상대방의 명함을 받으면 반드시 자신의 명함을 주어야 한다. 만일 명함이 없으면 '죄송합니다. 마침 명함이 없는데 다른 종이에 적어드려도 되겠습니까?'라고 사과를 겸해 상대방의 의견을 묻고 상대방이 원하면 적어 건넨다. 하지만 자신의 명함을 받은 상대방이 명함이 없다고 하면 특별한 경우가 아니면 다른 종이에 적어 달라고 청하지 않는 것이 좋다. 상대방에게서 받은 명함은 공손히 받쳐 들고 상세히 살핀 다음 그 자리에서 보고 읽기 어려운 글자가 있을 때는 바로 물어본다. 대화 중 상대방의 이름을 잊었다고 해서 주머니에 집어넣은 명함을 꺼내 보는 것은 실례이므로 명함을 받으면 자신의 테이블 위에 올려놓고 상대방의 부서, 직위, 성명 등을 반드시 확인하여 대화 중에 실수가 없도록 하여야 한다. 상대방이 보는 앞에서 즉시 명함 케이스나 명함 지갑에 넣거나 아무 데나 방치하는 것은 실례이다. 명함을 건넬 때와 마찬가지로 받을 때도 일어선 채로 두 손으로 받으며 이 때 '반갑습니다' 등 인사말을 한 마디 덧붙이는 것이 좋다. 여러 명의 상대방과 명함을 교환하는 경우도 상대방이 한 사람인 경우와 마찬가지로 한 사람 한 사람씩 명함을 건네고 받는다. 이 때 상대방를 혼동하지 않기 위해 받은 명함을 상대방이 앉은 위치에 따라 나란히 늘어놓도록 하며, 대화나 회의 등이 끝난 후 명함 케이스나 명함 지갑에 넣어 잘 보관한다. 즉 만나는 자리가 끝나기 전까지는 명함이 상대방의 눈에 보이게 두는 것이 상대방에 대한 예의이다.

명함을 보관할 때는, 초면에 인사를 한 경우 만난 일시, 용건, 소개자, 화제 중의 특징, 인상착의 등을 뒷면에 메모하여 다음 만남 기회에 활용하도록 한다. 상대방이 보고 있는 앞에서 바로 메모하는 것은 실례이다. 받은 상대방의 명함은 별도의 명함집을 만들어 깔끔하게 보관하도록 한다. 명함이 구겨지거나 훼손

되지 않게 소중히 간직하는 것 또한 상대방에 대한 예의라 할 수 있다. 명함은 항상 여유있게 준비하여 명함 케이스나 명함 지갑에 잘 보관하여야 하며, 남성의 경우는 정장 상의의 주머니에, 여성의 경우는 핸드백에 명함을 넣어 두는 것이 좋다. 명함은 초면인 상대방에게 자신의 소속과 성명을 알리고 증명하는 역할을 하는 자신의 소개서이자 분신이다. 따라서 특히 직장인의 경우 항상 명함을 소지하고 있어야 하며 올바르게 사용할 줄 알아야 한다. 상대방의 명함을 소중히 다루는 것은 상대방과 상대방 회사에 대한 경의를 표한다는 마음을 나타내는 것이다. 그 외에도 여러 사람이 한꺼번에 만났을 때 명함을 포개서 놓지 않도록 한다. 또한 받은 명함을 명함 지갑에 바로 넣으면 안 되는데 자칫 상대방에게 관심이 없다는 것으로 비칠 수 있기 때문이다. 서로 명함을 주고받을 때 상대방이 주는 위치보다 낮게 자신의 명함을 건네주어야 한다.

5장

직장 예절

제 1 절 직장 예절의 중요성

예절이란 일상생활에서 반드시 지켜야 할 도리이며, 인격과 교양의 표현이다. 또한 인간관계를 원활하게 하는 윤활유이기도 하다. 좋은 인간관계를 가지기 위해서는 자기 자신을 떠나 상대방을 이해하려는 생각과 남을 존경할 줄 아는 마음가짐이 필요하다. 따라서 예절은 자신의 인격을 높이는 계단과도 같다. 직장은 출생, 성장배경, 교육, 지식, 교양 수준, 신체적 조건, 성격 등이 서로 다른 이질적인 다수의 사람이 각자의 재능과 개성, 규율과 질서로 조직의 공동 목표를 달성하는 곳이다. 직장은 각자 인격을 인정받고, 사회인으로서 권리와 의무를 함께 지닌 사람들이 모여서 일하는 곳이지만, 여러 사람이 모여 생활하게 되므로 서로 뜻이 맞지 않는 일도 있고 본의 아니게 불쾌한 일도 생기게 된다. 직장생활을 하는 사람은 자연히 많은 사람들을 만나게 된다. 직장 내부의 상사와 동료 직원 그리고 부하 직원도 만나게 되고 직장 외부의 사람들과 만날 기회가 자주 있다. 따라서 직장생활을 만족스럽게 수행하기 위해서는 여러 사람들과의 관계가 원만하여야 하고, 원만한 관계를 수립하기 위해서는 예절이 중요함을 인식하고 예절에 유의하면서 직장생활을 해나가야 한다. 따라서 직장 예절은 직장인으로서의 자기 관리와 다수인 상호간 인간관계를 원만히 영위하는 수단이라고 할 수 있다. 공동생활에서 잘 어울리고 일의 능률을 올리는 사람은 자기 태도에 주의하고 의사를 분명히 하며 원만한 대인관계를 지니도록 노력하는 예의를 갖춘 사람이다. 직장 예절의 목적은 상대방을 편안하고 즐겁게 하며 개인의 발전은 물론 직장의 발전, 더 나아가 사회의 발전을 이루는 데 있다. 이러한 직장 예절은 직장인이 지키고 행해야 할 행동규범으로서 그 구성 요소는 크게 이미지 메이킹, 인사 예절, 근무 예절, 대화 예절, 호칭 예절, 보고 요령, 이동 시 예절, 회식 예절, 전화 예절, 이메일 예절 등으로 구분할 수 있다. 이미지 메이킹과 인사 예절은 이미 앞장에서 설명하였으며, 이 장에서는 근무 예절, 대화 예절, 호칭 예절, 보고 요령, 이동 시 예절, 회식 예절에 대하여 설명하고, 전화 예절 및 이메일 예절은 뒷장에서 설명하기로 한다. 직장에서 근무하는 사람에게 있어서 직장은 인생의 활동 무대이다. 직장생활에서 서로 지켜야 할 예절이 지켜지지 않는다면 조직의 질서가 제대로 유지될 수 없을 뿐만 아니라 직장생활이 어렵고 힘들게 되어 직장에 대한 애착심이 적어지고 결국은 자기 일에 대한 의욕도 사라지게 된다.

제 2 절 근무 예절

먼저 출근 시 매너이다. 출근 시간 15분~30분 전까지 사무실에 도착하여 간단한 청소 및 정리 정돈을 하고 하루의 일과 계획을 점검한다. 업무 시작 전 하루 일정을 정리해 두면, 보다 효율적으로 업무를 처리할 수 있기 때문이다. 사무실에 들어서면 상급자나 동료를 향해 '안녕하십니까'하고 밝고 힘찬 목소리로 먼저 인사한다. 사정이 있어 결근이나 지각을 하게 되는 경우 일과가 시작되기 전에 상급자에게 미리 연락해 보고를 하는 것이 예의이며, 휴가를 내는 경우 회사의 정해진 사규에 따라 양식을 적어 반드시 사전에 상급자에게 제출하는 것이 좋다. 부득이할 경우 일과 이후라도 조속한 시간내 유선으로 보고하여야 한다. 특히 지각하는 경우 출근 예정 시간을 보고하고 걸려 올 전화나 손님 내방이 있을 시 동료에게 협조를 요청하여 사전 조치를 취하도록 한다.

근무 중 매너는 다음과 같다. 착석할 때는 조용히 의자를 끌어당겨 앉으며, 책상에 상체를 기대거나 턱을 괸 자세로 근무하지 않는다. 하품이나 졸릴 때는 잠깐 밖으로 나가 심호흡을 하여 기분전환을 하는 것이 좋다. 일과 관계없는 잡담이나 사담, 개인적인 전화는 하지 않는다. 근무시간에는 가급적 자리를 비우지 않는 것이 좋으나 부득이 자리를 비울 때는 동료에게 행선지, 용건, 시간 등을 알려 주도록 한다. 또한 근무시간 중에는 업무와 관련이 없는 책을 읽거나, 개인적인 일을 삼가한다. 점심시간은 정해진 시간 이상을 활용하지 않으며, 점심시간이 끝나기 전에 돌아와 오후 일을 시작할 준비를 한다. 외출 시는 공적이든 사적이든 상급자의 허락을 받고 돌아오는 대로 결과를 보고한다. 외출한 곳에서 시간이 지연되면 전화로 미리 연락하여야 하며, 일을 끝내고 집으로 직접 귀가할 때도 사무실로 연락 후 귀가하도록 한다. 30분 이상 자리를 비울 때는 책상 위를 정리하는 것이 좋다. 출장, 교육 등으로 장기간 자리를 비울 때는 책상 위에 표지판을 놓아두는 것이 좋다. 업무 이외에 타 부서 출입을 절제하며, 복도나 계단에서 회사 동료와 긴 이야기를 삼가한다. 사무실 근무 중에는 슬리퍼를 자제하고 편한 구두를 신는 것이 바람직하며, 슬리퍼를 신고 사무실 밖을 나가지 않도록 한다. 복도나 계단에서는 우측통행을 하고 외부 손님이나 상급자를 앞지르지 않도록 한다. 회사 방문객 앞에서는 회사 직원간에도 상호 존대 표현을 사용한다.

퇴근 시에는 작업대 또는 책상 위 등 주변 사항을 깨끗이 정리 정돈하고, 보안을 위해 자료 보관함, 책상 서랍, 캐비닛 등은 반드시 잠금장치를 하여야 하며 퇴근 시 서류는 보관함에 넣고 안전장치를 확인한다. 이 때 주의하여야 할 사항은 퇴근 준비는 근무시간이 끝난 후부터 준비해야 한다는 것이다. 인계해야 할 사항을 확실히 정해 놓거나 이후 작업자에게 전달한다. 상급자나 남아 있는 동료에게 '먼저 퇴근하겠습니다.', '먼저 나가겠습니다.', '저 먼저 실례합니다.' 등 간단한 인사를 하고 퇴근하도록 한다. 가장 늦게 퇴근하는 사람은 전등, 컴퓨터 등의 전원을 점검,

확인하고 창문을 단속한다. 조퇴를 할 경우 상급자에게 이유를 보고하고 허가를 받아야 하며 조퇴 전까지 업무 마무리에 최선을 다한다. 하던 일은 상급자의 지시를 받아 마무리하고 퇴근한다.

직장 내 인간관계에도 주의를 기울여야 한다. 처음에는 별다른 호감을 주지 못하던 사람도 자주 접촉하고 대화를 나누다 보면 그의 성격과 생활을 알게 되고 이해하게 되어 결국은 친한 관계로 발전할 수 있다. 인간관계의 가장 기본적인 행동은 상대방을 기억하는 것이다. 따라서 상대방에 대해 관심을 갖고 기억하는 것, 상대방과 대화할 때 나의 이야기를 많이 하기보다 상대방의 이야기를 들어주고, 존중하는 자세야말로 올바른 인간관계를 형성하는데 중요한 자세이다. 올바른 인간관계를 유지하기 위해서는 상대방이 동료 의식을 느끼게 하고 성실하고 진심으로 상대방을 대하도록 한다. 상대방에 대한 험담은 절대 삼가하고 상대방과 금전 관계에 대해서는 항상 깨끗하게 하여야 한다.

회사는 수직적인 상하관계가 존재하는 조직사회로 활기찬 회사 분위기를 위해서 하급자는 상급자에 대한 예의를 최대한 지켜주는 것이 중요하며, 이는 조직에서 인정받는 지름길이기도 하다. 기본적으로 상급자에 대한 존경심을 가져야 하며, 원만한 관계를 유지할 수 있도록 하는 자세와 마음가짐이 필요하다. 상급자에 대한 예절은 다음과 같다. 먼저 상급자의 업무지시를 받을 때에는 명확하게 받고 정확하게 처리한다. 두 번째 상급자가 부를 때에는 대답과 동시에 자리에서 일어나 밝은 표정으로 필기구 및 메모지를 준비하여 상급자에게로 간다. 세 번째 상급자가 자신의 자리에 찾아와 말을 걸면 즉시 자리에서 일어서야 한다. 네 번째 상급자의 지시 중에는 말참견을 하지 말고 끝까지 듣는다. 다섯 번째 상급자의 지시사항에 대한 처리 기간이 장기일 때에는 반드시 중간 보고를 한다. 여섯 번째 상급자가 자신에게 주는 주의는 잘못이나 결점을 깨우쳐 발전의 기회를 주기 위한 것임을 알고 감사하는 마음을 가져야 하며 자신에게 주는 주의를 감정적으로 받아들이지 말아야 한다. 상급자의 주의나 꾸지람을 들었을 때 이에 순응하는 것이 상급자에 대한 예절의 기본적인 자세이다. 상급자의 신임을 원한다면 상급자의 주의나 꾸지람에 불평하기 전에 스스로 상급자를 이해하고 존경의 태도를 기르도록 하여야 한다. 일곱 번째 상급자를 보좌할 시 상급자의 명령 및 지시를 잘 이해해서 작업하고 명령이 없더라도 상급자의 작업이 원활하게 이루어지도록 보좌하거나 유익한 의견이 있으면 적극적으로 제안할 수 있어야 한다. 여덟 번째 전화 중인 상급자에게 보고 사항이 있는 경우에는 급한 경우가 아니라면 약간의 거리를 두고 서서 통화가 끝날 때까지 기다리고 통화가 길어지는 경우에는 가볍게 인사를 하고 자리에 돌아가서 대기하도록 한다. 아홉 번째 회의 중이거나 내방객과 면담 중인 상급자에게 급히 연락하여야 하는 경우 반드시 방문객이나 회의 참가자에게 가볍게 예의를 표시한 후 상급자 옆에 가서 작은 소리로 내용을 전달한다. 그리고 용무가 끝난 후에는 '실례했습니다'라고 방문객이나 회의 참석자에게 예의를 표하도록 한다.

상급자는 스스로 부하 직원의 모범이 되어 솔선수범하여야 하며, 상급자의 솔선수범은 부하 직원을 지도하는 통솔력임을 명심하고 하급자에 대해서도 예의를 갖출 수 있어야 한다. 하급자에 대한 예절은 다음과 같다. 부하 직원에게 주의를 줄 때에는 감정을 배제하고 진심어린 태도로 말하고 대하여야 한다. 특히 부하 직원에게 주의를 주는 경우 둘만이 대화할 수 있는 적당한 장소를 이용하여 다른 직원들이 인식하지 못하도록 비밀을 유지할 수 있어야 하며 다른 직원과 비교하는 말은 삼가한다. 부하 직원을 칭찬할 경우, 상급자는 '수고했어', '잘했어' 등 칭찬과 격려를 아끼지 말아야 한다. 칭찬의 방법도 있다. 즉 칭찬은 '즉시', '그 자리에서', '모두가 보는 앞에서' 하여야 칭찬의 효과를 최대화할 수 있다. 자신이 저지른 과오를 부하 직원에게 전가시키는 행동은 절대 하지 말아야 하며, 부하 직원에게 개인적인 일이나 사사로운 심부름을 시켜서는 안된다. 상급자는 부하 직원이 창의력을 발휘하여 일을 할 수 있는 환경을 조성하여 즐겁게 일할 수 있는 분위기를 연출할 필요가 있다.

[그림 5-1] 근무 예절

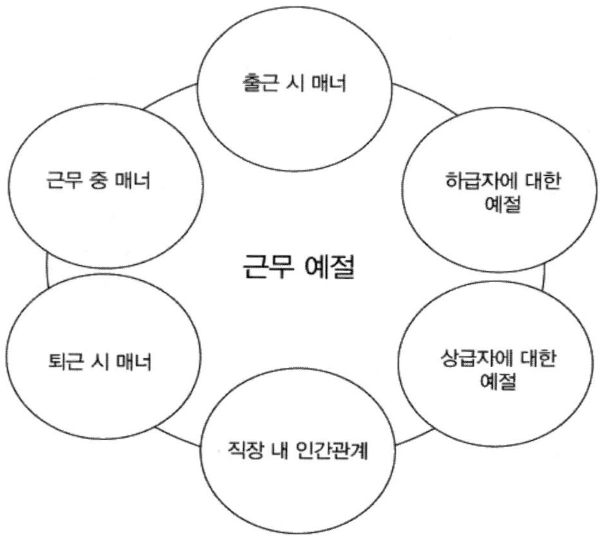

제3절 대화 예절

직장생활에서 항상 회사 동료에게 예절을 갖추고 대하는 것이 중요하지만 이때 사용하는 말이나 대화 자세 또한 중요하다. 같은 말을 하더라도 어떻게 아름답고 품위있게 하느냐에 따라 상대방이 듣는 의미가 달라진다. 말은 말하는 사람의 인격이고 교양이며 마음의 표현이므로 올바른 대화 예절로 원만한 직장생활이 이루어지도록 한다.

올바른 대화 예절에서 가장 기본적으로 주의를 기울여야 하는 것이 말의 속도와 크기이다. 말을 너무 빠르게 하면 상대방이 무슨 뜻인지 알아들을 수 없을 뿐 아니라 상대방에게 심리적 불안감이나 압박감을 느끼게 할 수 있다. 말을 너무 느리게 하면 상대방에게 지루한 느낌을 줄 뿐 아니라 자신이 업무 처리에 민첩하지 못하다는 인상을 남길 수도 있다. 말의 크기는 말을 듣는 상대방의 수나 주변 사람을 고려하여 적당한 크기로 하여야 한다. 특히 너무 큰 소리로 대화하면 주변 사람의 업무에 방해가 되는 경우가 있기 때문에 주의하여야 한다. 가능하면 표준말을 사용하도록 한다. 직장생활을 하는 사람들이 각자 다른 지역 출신으로 특색있는 억양이나 발음을 사용하거나 사투리를 사용하는 것이 보통이지만 많은 사람이 모인 자리에서는 정확한 발음으로 표준말을 사용하여야 한다. 대화할 때의 몸가짐도 중요하다. 말의 내용에 비해 지나친 몸짓을 하는 것은 상대방에게 어색하게 보이고 불안정해 보일 수 있다. 또한 대화 시 손을 입에 대거나 옷을 만지거나 손을 맞잡아 비비는 등 불필요한 행동을 하지 않도록 하여야 한다. 듣는 상대방을 똑바로 보지도 않고 다른 곳을 쳐다보면서 이야기하는 것은 실례이다. 앞에서 인사의 5원칙, 악수의 5요소에서 이미 설명하였지만, 상대방과의 눈맞춤은 대화의 가장 기본적 자세이다. 슬픔이나 놀라움을 나타내는 표정도 때에 따라서는 필요하지만 가능하면 밝고 명랑한 표정으로 말하는 것이 좋다. 상대방의 말을 들을 때에도 예절이 필요하다. 단정하게 앉아서 또는 서로 마주 서서 시선은 상대방의 눈과 표정을 살피고 상대방이 이야기할 때 가만히 있는 것보다 이야기를 듣고 관심을 표현하는 것이 좋다. 상대방의 이야기를 자신의 이야기처럼 성실하게 들을 줄 아는 태도나 자세를 몸에 익혀야 한다. 상대방과 대화 시 듣는 일과 관계없는 일은 하지 않고 상대방의 말에만 집중한다. 이야기 내용 중에 중요하다고 생각되는 것은 메모하고 내용을 잘 이해하거나 수긍하면 몸짓이나 표정으로 반응하는 것도 좋다. 내용 중 의문이 있는 경우 질문을 하되 가능하면 상대방의 이야기에 방해가 되지 않도록 상대방의 이야기가 일단락되거나 이야기가 끝난 적당한 시기에 하도록 한다. 임의로 이야기를 중단시키는 일이 없도록 하여야 한다. 부득이한 경우 '이야기 중 정말 죄송합니다.'라는 말과 함께 중단시켜야 한다. 상대방의 독특한 발음, 억양 등을 빌미로 대화를 부정하거나 대화에 적극적으로 응하지 않는 것은 실례이다. 특히 사투리가 심한 상대방과 대화하는 경우 주의하여 대화하도록 한다. 재미있는 공동 관심사라 하더라도 이의가 있거나 반대할 일이 있으면 정중하게 하도록 한다. 상대방의 말의 내용 중 수정하거나 정정하는 경우 '그건 틀려'라고

하는 직접적인 표현보다는 '글쎄 그것도 그렇긴 하지만'이라고 하는 우회적이고 간접적인 표현으로 하는 것이 예의이다. 상대방이 하는 이야기가 이미 들어 본 이야기라도 내색하지 않고 끝까지 들어주는 아량도 필요하다. 대화 시 특히 삼가야 할 사항은 다음과 같다. 처음 만난 사람에게 직장 직위부터 묻는 것, 결혼 여부나 나이를 묻는 것, 상대방의 체격을 묻는 것, 업무와 무관한 출신 학교나 학력을 묻는 것 등 개인적 사항에 대한 질문은 절대 삼가하여야 한다. 특히 동양권 문화에서는 사적 사항에 대한 질문을 친근감의 표현으로 잘못 인식하고 있는 경우가 많으나 서양권 문화에서는 금기사항이다. 또한 자신이나 자신의 가족 사항에 대하여 이야기하는 것도 바람직하지 않다. 묻지도 않는 데 자신이나 자신의 가족에 대하여 자랑하듯이 말을 하는 것은 특히 주의하여야 한다. 직장생활 중에 자신이나 상대방과 관련이 없는 제3자의 비밀이나 약점을 잘 아는 체 말하는 경우도 많은데 이도 삼가하여야 한다.

제 4 절 호칭 예절

직장은 다양한 사람들이 모여 공통의 목표를 향해 일하며 많은 시간을 함께 보내기 때문에 올바른 호칭도 직장 예절의 기본적 예절이다. 잘못된 호칭 사용은 직장 동료 관계를 어색하게 만들고 상대방에게 불쾌감을 줌으로써 개인의 직장 생활과 업무 수행에 상당한 지장을 초래할 수 있다. 자신과 상대방의 직위, 직급, 연령, 상황 등에 적합한 호칭을 올바르게 사용하는 것이 호칭 예절의 기본이다.

동일 부서 내 상급자에 대한 호칭은 상급자의 성, 직위나 직급, 존칭을 붙이거나 상급자의 성과 이름, 직위나 직급, 존칭을 붙여 사용한다. 예를 들어 '김 과장님' 또는 '김길동 과장님'으로 호칭한다. 이 때 주의할 것은 상급자의 성을 뺀 이름에 직위나 직급, 존칭을 붙여 사용하는 것은 예의에 어긋난다는 것이다. 예를 들어 '길동 과장님'으로 호칭하여서는 안된다. 최근에는 직장내 연공 서열 및 직급 파괴의 영향으로 상하 수직적 관계에서 벗어나 직장 동료간 호칭에 직위나 직급, 존칭을 생략하고 이름이나 영어 별명을 부르는 기업이 증가하고 있다. 하지만 이는 아직까지는 예외적인 경우이며 개별 기업의 사내 문화에 따른 현상이므로 주의하여야 한다. 타 부서의 상급자인 경우, 부서명에 직위나 직급, 존칭을 붙이거나 성과 이름, 직위나 직급, 존칭을 붙여 사용한다. 예를 들어 '인사과장님', '이몽룡 과장님'으로 호칭한다. 특히 타 부서의 상사인 경우는 직급이나 이름을 잘 몰라 호칭 실수를 하는 경우가 많은데 주변 동료에게 이름이나 직위, 직급 등을 물어보고 실수하지 않도록 한다. 하지만 문서에서 직위나 직급을 표현할 때는 직접 부를 때와는 달리 존칭을 생략한다. 즉, 문서상 '과장님 지시사항'이 아니라 '과장 지시사항'이라고 표현한다. 또한 부서나 장소 명에도 존칭을 붙이지 않는다. 즉, '사장님실'이 아니라 '사장실'이라고 부른다.

하급자나 동급자인 경우, 당사자의 성에 직위나 직급을 붙여 호칭하거나, 당사자의 직위나 직급만 그대로 부르거나, 당사자의 전체 성과 이름에 '씨'를 붙여 부르도록 한다. 예를 들어 '김부장',

‘총무팀장’, ‘홍길동씨’로 호칭한다. 하급자나 동급자라고 하더라도 대화 중 반말은 삼가하여야 한다. 하급자라고 하더라도 연장자인 경우는 경어를 사용하여야 하며, 하급자에게 ‘~ 양’, ‘~ 군’이라고 부르는 것은 절대 삼가하여야 한다.

상급자에게 다른 상급자에 대하여 호칭할 때, 다시 말해서 윗사람 앞에서 그 사람보다 직위나 직급이 낮은 윗사람을 호칭하는 압존법에 대한 오해가 있다. 예를 들어 차장이 사장에게 부장의 지시를 보고하는 경우, 사장에게 ‘부장 지시 사항을 보고드리겠습니다.’라고 하는 것이다. 압존법은 우리의 전통적인 언어 예절과 관련된 것으로 가족이나 사제 등과 같은 사적인 관계에 적용될 수 있지만 직장에서 사용하는 것은 부자연스럽다. 특히 군대 내에서 여전히 압존법이 통용되고 있고, 회사에 따라서는 압존법 사용을 교육하는 경우도 있으나 압존법 사용이 직장 내 대화를 어색하고 부자연스럽게 하므로 이에 집착하지 않는 것이 좋다. 따라서, 차장이 사장에게 부장의 지시를 보고하는 경우, 사장에게 ‘부장님 지시 사항을 보고드리겠습니다.’ 또는 ‘부장님이 지시한 사항을 보고드리겠습니다.’라고 하는 것이 자연스러운 표현이다.

‘수고하셨습니다.’, ‘수고하세요.’는 상급자가 하급자에게 주로 하는 표현이므로 하급자가 상급자에게 사용하지 않는 것이 바람직하다. 호칭 중 존칭은 사람에게만 사용하는 것으로 사물에는 사용하지 않는다. 예를 들어 ‘부장님, 차장님 책상 위의 과장님 가방에 서류가 있다고 합니다.’는 표현은 올바른 표현이 아니다. 이는 ‘부장님, 차장 책상 위 과장 가방에 서류가 있다고 합니다.’

라고 표현하여야 한다.

마지막으로 직장 동료의 가족에 대한 호칭이다. 직장 상급자의 가족인 경우, 상급자의 부인에 대해서는 '사모님'으로 호칭하고, 상급자의 남편에 대해서는 당사자의 이름에 '선생님'을 붙여 '홍길동 선생님'이라고 부르거나, 당사자의 직위나 직급을 알고 있다면 이름에 그 직위나 직급, 존칭을 붙여 '김 사장님'이라고 호칭한다. 상급자의 자녀인 경우는 당사자의 이름을 그대로 부르거나 이름에 '씨'를 붙여 부른다. 직장 동료나 하급자의 가족인 경우, 부인에 대해서는 '아주머니'로 호칭하고, 남편에 대해서는 당사자의 이름에 '선생'을 붙여 '홍길동 선생'이라고 부르거나, 당사자의 직위나 직급을 알고 있다면 이름에 그 직위나 직급을 붙여 '김 과장'이라고 호칭한다. 자녀인 경우 당사자의 이름을 그대로 부르거나 이름에 '씨'를 붙여 부른다.

제 5 절 보고 요령

직장생활에서의 업무는 보고에 의하여 진행 상황과 결과를 파악하게 된다. 상급자가 하급자에게 지시한 사항은 반드시 그 결과를 보고하여야 하며 하급자의 보고에 따라 상급자는 해당 업무의 진행 상황이나 문제점 등을 파악하고 새로운 지시를 내려 다음 업무를 계획하고 준비한다. 따라서 원만한 직장생활을 유지하고 개인의 능력을 인정받기 위해서 보고 요령을 잘 인지하고 실행하도록 하는 것이 직장 예절에서 중요하다.

보고는 가능하면 수시로 하는 것이 좋지만 상급자의 상황, 시간적 제약 등으로 수시 보고가 어려운 경우가 많다. 하지만 지시받은 업무를 완료하였을 때, 장기간이 소요되는 업무에 대해서는 업무 수행 도중 적당한 시기에, 업무와 관련된 새로운 정보가 입수되었거나 업무 추진 방법에 대한 새로운 의견이 제시되었을 때 일반적으로 보고를 하여야 한다. 또한 구두 보고로 할 것인가 문서 보고로 할 것인가의 문제도 있는데, 기본적으로는 긴급을 요하는 사항이나 간결하게 완료할 수 있는 사항에 대해서는 구두 보고를 하고, 문서 보고를 하라는 지시가 있는 경우, 내용이 복잡하거나 숫자가 필요한 보고의 경우는 문서 보고를 한다. 하지만 실제 회사생활에서 상하간 원활한 의사소통과 업무 수행을 위하여 수시로 구두 보고를 하는 것이 바람직하다.

상급자로부터 지시를 받을 때의 요령은 다음과 같다. 상급자가 부르면 분명한 목소리로 대답하고 필기도구를 준비하여 자신을 부른 상급자 앞으로 간다. 서 있는 자세로 상급자를 바라 보고 상급자가 권하지 않는 한 의자에 앉지 않는다. 상급자의 지시사항은 메모하도록 한다. 지시사항은 처음부터 끝까지 상세히 듣는다. 지시사항에 대하여 의문이 있는 사항에 대해서는 상급자의 말이 끝난 다음에 묻고 상급자의 말을 가로막지 않도록 한다. 지시사항 메모 시에는 육하원칙, '누가(who), 무엇을(what), 언제(when), 어디서(where), 왜(why), 어떻게(how)'에 따라 정확히 기록하되, 특히 성명, 숫자, 일자, 일시 등은 틀리지 않도록 복창하여 확인한다. 상급자로부터 지시사항을 받고 나면 가볍게 인사를 하고 자신의 자리로 돌아간다. 통화 중에 상급자가 불렀을 경우 전화를 즉시 끊을 수가 없을 때는 주위 동료가 '통화 중입니다.'라고 상급자에게 알려주고 통화를 마치면 상급자에게 전화를 받느라고 늦었음을 말한다. 상급자의 지시사항 중 이견이 있거나 상급자의 지시가 잘못되었을 때는 상급자에게 적절히 설명하고 재차 지시를 받도록 한다. 상급자의 잘못된 지시를 알고 말하지 않고 넘겨서는 안 된다. 상급자의 지시사항을 바로 실행할 수 없거나 자신의 능력으로 수행할 수 없는 경우는 상급자에게 그 이유를 설명하고 상급자의 결정이나 재지시사항에 따른다. 다른 부서의 상급자로부터 지시를 받은 경우에도 반드시 자신의 직속 상급자에게 내용을 보고하여야 한다.

상급자의 지시사항에 대한 보고는 다음과 같이 하도록 한다. 지시받은 업무가 종료되면 즉시 보고한다. 지시사항은 지시한 상급자에게 보고를 함으로써 완료한다. 보고가 끝나면 상급자의 지시사항이나 의견을 기록하여 보관하는 것이 좋다. 상급자의 책상 앞에서 보고하는 경우 책상에서 조금 떨어진 측면에서 보고한다. 책상이 없는 경우에는 좀 더 떨어진 곳에서 보고하며 가까이 다가가 보고해야 하는 경우 양해를 구한 후 다가가 보고한다. 신속한 보고를 하려 해도 상급자가 다른 업무로 바쁠 경우 양해를 구하고 적절한 시간 내에 보고를 하도록 한다. 최근에는 이메일 등 전자문서로 보고하는 경우가 많은데 이 경우 반드시 상급자에게 이메일의 송신을 알리고 수신 및 확인을 요청한다. 결론부터 먼저 보고하도록 한다. 보고를 받는 상급자가 가장 알고 싶은 것은 본인이 지시한 사항에 대한 결과이다. 따라서 보고 내용은 정확히 간결하게 육하원칙에 의거 메모로 보고하되, 보고는 결론, 이유, 경과의 순으로 하도록 한다. 사실만을 보고하도록 한다. 즉 보고는 사실을 있는 그대로 하라는 것으로 보고 내용에 보고자의 감정, 희망, 주관적 감정을 배제하여야 한다는 것이다. 보고자 개인의 의견 개진이 필요한 경우 보고 마지막에 '제 생각으로는'이라고 하면서 덧붙이도록 한다. 가능하면 중간 보고를 한다. 지시받은 업무가 장기간 소요되는 경우 업무가 순조롭게 진행되는 경우에도 중간 진행 상황을 보고하는 것이 바람직하다. 또한, 기간의 장단기 여부와 상관없이 업무가 어느 정도 완료되었을 경우, 업무의 결과가 예측되는 경우, 업무 추진과정에 문제가 예상되는 경우, 중요한 변경 사항이 발생하였을 경우 중간 보고를 하도록 한다.

제 6 절 이동 시 예절

직장 예절에는 이동 중에 갖추어야 할 예절도 있다. 특히 이동 시 예절은 보통의 일상생활에서는 경험하기 어렵고 습득하기도 어려운 예절이지만 직장생활에서는 대단히 중요한 예절이다. 특히 이동 시 예절은 공식적인 행사에서의 의전과 직접적인 관련이 있는 경우가 많아서 주의를 기울여야 한다.

먼저 가장 기본적인 방향 안내이다. 방향 안내 시 먼저 시선의 움직임에 주의를 기울여야 한다. 이를 **시선의 3점법**이라고 하는데, 안내자의 시선이 고객의 눈을 마주친 다음 방향이 가리키는 곳을 향하고 다시 고객의 시선을 마주치는 것을 말한다. 즉 안내자의 시선이 고객의 눈 → 가리키는 곳 → 고객의 눈 순으로 움직이는 것을 말한다. 안내자가 가리키는 곳을 바라보면서 손가락을 모두 모아 손바닥이 위로 향하도록 하여 가리키도록 하며 손가락으로 방향을 가리키지 않도록 유의한다. 방향을 안내할 때는 안내자의 시선과 손의 방향이 일치하여야 한다는 것이다. 거리는 팔꿈치의 각도로 표현하는데 거리가 멀수록 팔꿈치의 각도를 크게 한다.

[그림 5-2] 보행 시 예절

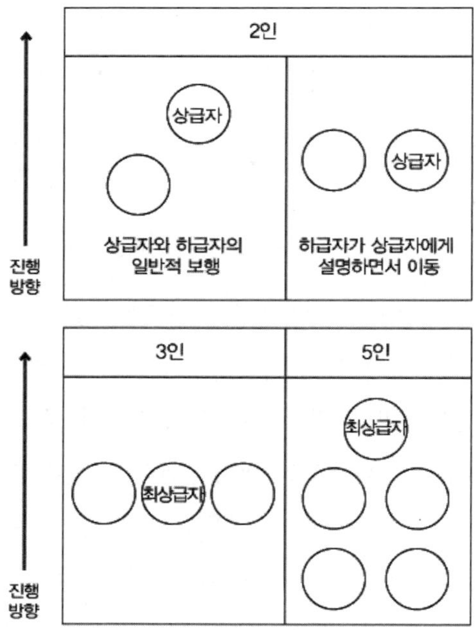

상급자와 보행 시에도 예절이 있다. 상급자와 하급자 2인이 보행 시 하급자는 상급자의 바로 앞에 서지 않고 1~2 걸음 대각선

방향으로 상급자의 뒤에 서서 비스듬히 이동한다. 다만 하급자가 상급자에게 설명하면서 걷는 경우 상급자와 하급자가 나란히 서서 이동할 수 있다. 동급자끼리는 나란히 서서 이동한다. 상급자와 하급자 3인이 이동 시는 나란히 이동하는데 상급자가 중앙에 위치하여 이동한다. 상급자와 하급자 5인이 이동 시 상급자가 맨 앞에 서서 이동하고 나머지 4인은 2명씩 나란히 서서 이동한다.

문의 경우, 회전문에서는 상급자가 먼저 통과한 후 통과한다. 밖여닫이문, 즉 밖으로 미는 문의 경우나 안여닫이문, 즉 안으로 열리는 문의 경우는 하급자가 문을 열고 들어가거나 나간 후 손잡이를 잡고 상급자가 들어오거나 나가도록 안내한다.

[그림 5-3] 차량 탑승 시 예절

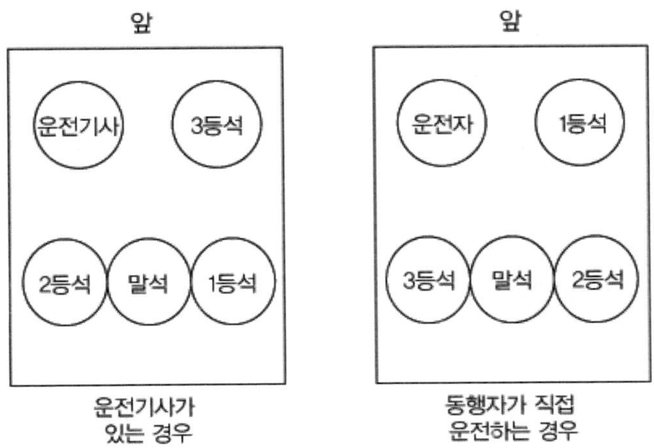

자동차 탑승 시에도 예절이 있다. 차량의 양쪽 문을 모두 열 수 있을 때 차량의 두 문을 각자 이용하되, 탑승 시는 상급자가

먼저 탑승하고, 하차 시 하급자가 먼저 내린다. 택시의 경우 여성은 운전기사 옆에 앉지 않으며 짐은 택시 운전기사가 취급하도록 한다. 우리나라 택시의 경우 자동차의 우측통행으로 인하여 도로에서 정차하는 경우 안전을 위하여 하급자가 먼저 안쪽으로 탑승하고 상급자가 나중에 탑승한다. 운전기사가 있는 차량의 경우, 운전기사의 대각선의 뒷좌석이 1등석, 그 옆좌석이 2등, 운전기사 옆좌석이 그 다음이며, 4명이 탑승하는 경우 뒷좌석의 가운데가 말석이다. 하지만 여성은 뒷좌석의 가운데 타지 않도록 배려한다. 동행자가 직접 운전하는 경우 운전자의 오른쪽 좌석이 상석이다. 버스의 경우, 운전기사의 뒤쪽 창문 쪽 좌석이 상석이며, 열차의 경우 열차 진행 방향의 창가 쪽 좌석이 상석이다.

엘리베이터 탑승 예절은 다음과 같다. 안내원이 있는 엘리베이터의 경우 직급이 높은 순서대로 탑승한다. 안내원이 없는 엘리베이터의 경우 하급자가 먼저 타서 상급자와 나머지 사람들이 타는 동안 안전을 위하여 'OPEN' 버튼을 누르고 있는 것이 기본 예절이다. 엘리베이터에서 내릴 때는 반대로 상급자가 먼저 내리고 하급자가 나중에 내린다. 엘리베이터의 상석은 엘리베이터 내 조작 단추 패널의 대각선 안쪽 위치이다. 엘리베이터 내에서는 비스듬히 서서 상급자의 시야를 가리지 않도록 한다. 엘리베이터 안에 여성이 탑승 시 남성은 모자를 벗는 것이 예의이며, 엘리베이터 안에서는 잡담과 농담을 하지 않고 엘리베이터의 벽에 기대지 않도록 한다. 여성이 있는 경우 여성이 먼저 타고 먼저 내릴 수 있도록 한다. 이미 닫히기 시작한 엘리베이터는 탑승을 포기하고 다음 승강기를 이용토록 하며 급히 'OPEN' 버튼을 누르지 않도록 한다. 하지만 일상생활에서는 엘리베이터 탑승 시 남녀노소를 불문하고 엘리베이터 문에 가깝게 서 있던 사람부터 먼저 타고, 내릴 때도 문에 가깝게 서 있던 사람부터 먼저 내리는 것이 보편화되고 있다.

계단을 올라갈 때는 상급자가 먼저 올라가는 것이 예의이다. 여성과 같이 올라갈 때는 남성이 앞장서는 것이 좋다. 내려올 때는 상급자 및 여성이 먼저 내려오는 것이 예의이다. 안내자가 있는 경우 안내자가 앞서는 것이 원칙이지만 여성이 있는 경우 내려올 때는 여성이 앞장서도록 한다.

에스컬레이터로 이용 시는 올라갈 때는 상급자를 앞에 세우고 이동하며 내려올 때는 안내자가 앞에 서도록 한다. 보통의 경우 바쁜 사람들이 갈 수 있도록 왼쪽을 비워두고 이용한다.

제 7 절 회식 예절

코로나 바이러스 사태로 인한 비대면 업무나 재택근무 영향으로 직장에서의 회식 기회가 많이 사라지고 있고 회식을 하는 경우에도 다양한 형태로 회식 시간을 제한하거나 오래된 술 습관을 제어하는 움직임이 활발하다. 잔 돌리기, 건배사, 회식 참석 강요, 음주 강요 등의 행위를 아예 금지하는 회사도 생겨나고, '911' 즉 9시까지, 1가지 술로, 1차만 한다는 슬로건을 내건 회사도 등장하였다. 하지만 기본적으로 회식도 근무의 연장이므로 직장인의 경우 회식 예절을 몸에 익히도록 하여야 한다. 먼저 회식 자리 배치는 최상급자를 맨 안쪽 중간에 배치하고 나머지 사람들은 최상급자와의 관계성, 송환영 회식 등 성격에 따라 적당한 자리에 착석한다. 특별한 경우외에는 최상급자가 올 때까지 먼저 식사를 하지 않는다. 선약이 있어 중간에 회식 자리를 떠날 때는 사전 또는 중간에 상급자에게 보고하고 이석하도록 한다. 건배구호의 경우 1~2개 정도 준비하도록 한다. 연장자나 상급자로부터 술을 받을 때는 두 손으로 받으며 왼손을 가볍게 술잔에 댄다. 술을 따를 때는 술병의 글자가 위로 가게 오른손으로 잡고 왼손으로 받쳐 정중한 자세로 술을 따른다. 술잔은 80% 정도 채우며 술을 마시지 않더라도 술잔을 입에 대었다가 내려놓는다. 건배시 잔을 부딪칠 때 상급자의 술잔보다 높게 들지 않는다. 상급자보다 먼저 술잔을 내려놓지 않는다. 회식 자리에서는 자기 자랑이나 평상시 언동에 대한 변명을 늘어놓지 않는다. 특히 경영방침이나 특정 인물에 대하여 비판하지 않으며 동료나 상급자에 대한 험담을 늘어놓지 않는다. 술잔 돌리기, 폭탄주는 절대 삼가하며 동료에게 술을 강제로 권해서는 안된다. 회식 자리에서의 취중 실수는 영원한 오점임을 명심하여야 한다.

6장

고객 응대 예절

제 1 절 고객 응대 예절의 의의

기업간의 경쟁이 심화되고 시장이 성숙됨에 따라 한 기업의 성패는 궁극적으로 고객의 선택에 의해 좌우된다. 고객의 선택을 받고 이를 유지하는 데 기업의 이미지가 대단히 중요하며 그러한 기업의 이미지는 고객이 회사를 방문하는 순간에 결정이 난다고 해도 과언이 아니다. 따라서 직원 개개인이 평소 고객 응대 예절을 체득하여 각자 회사의 대표라는 마음가짐으로 회사를 방문하는 고객을 정중하고 친절하게 응대하여야 한다.

고객 응대 예절에는 다양한 형태의 예절이 있지만, 가장 기본적인 자세는 다음과 같다. 먼저 고객에게 주의를 집중하고 고객의 이야기를 듣는다. 이 때는 자신의 편견을 버리고 고객의 입장에서 귀 기울여 들어야 하고 고객의 말에 대한 비판이나 평가는 절대 하지 않는다. 또한 고객이 하는 말을 도중에 가로막지 않는다. 또한 고객에게 계속적으로 반응을 보인다. 이는 고객의 말에 대하여 맞장구를 치거나 고개를 끄덕이는 등의 행동으로 자신이 고객의 말에 주의를 집중하고 있다는 것을 표현하는 것이다. 또한 고객의 말 중에서 필요한 사항이나 요점은 기록하는 것이 좋다. 고객의 말을 듣고 이해가 어려운 경우 고객의 말을 끊지 말고 고객의 말이 끝난 후 질문을 한다. 결국 고객 응대 예절에서 가장 기본적인 자세는 경청의 자세라고 할 수 있다.

제 2 절 안내 예절

자신의 회사를 방문한 고객을 안내하는 예절은 다음과 같다. 먼저 복도에서의 예절이다. 선약이 있는 고객이 회사를 방문한 경우 미리 정한 장소로 고객보다 1m 정도 앞에서 걸으며 안내한다. 지정된 장소로 안내할 때 '이쪽입니다'라고 하며 손으로 방향을 알려 주며 고객을 인도하는 데 이 때 다섯 손가락을 가볍게 모아 손바닥 전체를 비스듬히 위로 향하게 안내한다. 가끔 뒤를 돌아보면서 고객의 발걸음과 맞추어 적당한 간격을 유지하면서 이동한다. 계단으로 이동할 때는 올라갈 때는 남성이나 고객이 먼저, 내려갈 때는 여성이나 안내자 먼저 이동한다. 고객을 안내하여 함께 계단을 오를 때에는 고객의 왼쪽 서너 계단 앞에서 오르도록 한다. 엘리베이터에서는 탑승 전 미리 고객에게 행선층을 알려 주고 안내자가 먼저 타지만, 엘리베이터 승무원이 있는 경우 방문한 고객이 먼저 탄다. 엘리베이터에서 내릴 때는 고객이 먼저 내리며 엘리베이터 승무원이 있는 경우에는 안내자가 먼저 내린다. 응접실 등 지정된 장소에서는 당기는 문일 경우 고객이 먼저 들어가도록 하고 미는 문일 경우 안내자가 먼저 들어간다. 자리를 권할 때도 예절이 있다. 응접실 등 지정된 장소의 입구에서 가장 먼 쪽이 상석, 책상에서 멀리 떨어진 자리가 상석이다. 창문이 있는 경우 경치가 좋은 곳이나 바라보기가 좋은 곳이 상석이다. 보통 긴 의자는 고객용으로 팔걸이 의자는 직원용으로 사용한다. 특별히 자리를 권하지 않는 한 안내자는 말석에 앉는다. 가방은 앉은 자리에 옆에 두고 서류는 테이블 위에 올려놓는다. 응접실 등 지정된 장소에서는 안내자가 고객에게 차의 종류를 물어보고 바로 준비해서 차를 내도록 한다. 차를 들고 들어갈 때는 입구 문을 가볍게 두 번 정도 노크하고 들어가며 쟁반을 들었을 경우 가슴 높이로 하여 왼손에 들고 오른손으로 노크한다. 가볍게 고객에게 목례를 하고 입실하고 들고 온 쟁반은 보조 테이블이나 탁자의 맨 끝에 내려놓는다. 쟁반의 가까운 쪽의 차부터 내되 고객에게 먼저 내고 다음에 자신의 회사 직급순으로 차를 낸다. 고객의 오른쪽에 서서 차를 내되 차는 테이블의 우측에 다과는 테이블의 좌측에 놓는다. 찻잔을 테이블 끝에서 10cm 정도 떨어진 위치에 놓는다. 차를 낸 다음 쟁반의 표면이 몸쪽을 향하도록 쥔 다음에 가볍게 고객에게 인사한다. 뒤로 물러서듯이 조용히 나오며 문 앞에서 다시 한번 고객을 향하여 인사를 한다.

응접실 등 지정된 장소에서 고객과 회의 중이거나 면담 중일 경우 들어갈 때는 노크한 다음 들어가 가볍게 목례를 하고 문이 열려 있을 때는 '실례합니다.'라고 인사한 다음 들어간다. 고객과 회의 중이거나 면담 중인 상급자나 동료에게 연락을 취하여야 할 경우 메모로 하여 알려준다. 이 때 '말씀 중에 죄송합니다.'라고 고객에게 양해를 구한 다음 고객에게 메모의 내용이 보이지 않도록 건네준다. 나올 때 고객에 인사하는 것을 잊지 않도록 한다. 고객과 회의 중이거나 면담 중에 상급자가 인사하러 들어왔을 경우 반드시 일어나서 상급자를 고객에게 소개하고 소개 후 고객이 앉은 다음에 자신도 앉는다. 상급자에게 지금까지의 회의나 면담 경과를 보고 한 다음 계속 회의나 면담을 진행한다. 회의나 면담을 마친 고객을 배웅할 때 엘리베이터나 현관까지 배웅하고, 필요 시 고객이 차량에 탑승하여 방문한 회사를 출발할 때 차량을 향하여 정중하게 인사를 하거나 손을 흔들어 배웅한다.

제 3 절 불만 고객 응대 요령

신규 고객 한 명을 만드는 것보다 이미 자신의 회사에서 떠난 고객의 마음을 되돌리는 것이 더 어렵다. 자신의 회사에 대하여 불만을 가진 고객은 다른 고객에 대한 파급력이 크기 때문에 고객의 불만을 제대로 관리하지 않으면 기업의 이미지, 명성, 브랜드 등에 손상을 입히는 것은 물론 나아가 기업의 매출에까지 직접적인 손실을 발생시킬 수 있다. 하지만 불만을 표현하는 고객은 그렇지 않은 고객보다도 회사의 경쟁력 향상에 없어서는 안 될 중요한 고객이므로 그들의 불만을 해결하는 과정에서 회사는 문제점을 개선할 기회를 얻을 수도 있다. [그림 6-1]은 고객 불만 확산 경로를 정리한 것이다. 불만 고객의 31%가 친구, 가족, 동료 등 자신과 가까운 관계에 있는 사람들에게 입소문이나 험담으로 불만을 표현하는 것으로 나타났다. 그리고 이렇게 표현된 입소문이나 험담을 들은 지인의 84%는 다시 3명 이상에게 입소문이나 험담을 전달한다고 한다. 다시 말해서 100명의 불만 고객 중 31명이 적게는 91명에서 많게는 140명에게 불만을 전파한다는 것이다.

[그림 6-1] 고객 불만 확산 경로

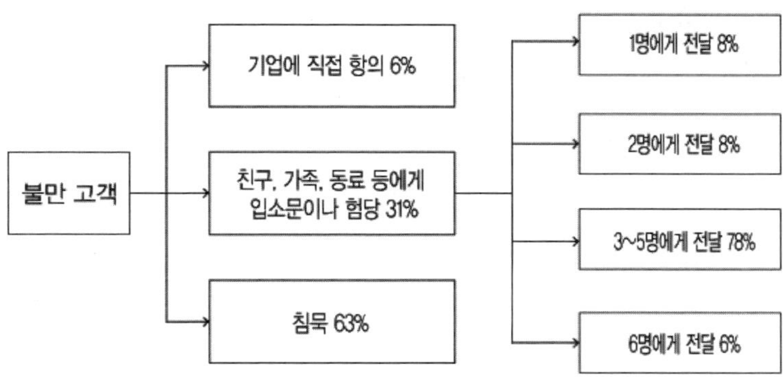

(주) 2006 불만 고객 연구 보고서(미국 와튼 스쿨(Wharton School), 2005년 12월) 참조

불만 고객 응대의 5원칙이 있다. 첫 번째 책임공감의 원칙이다. 고객의 불만이 자신을 향한 것이 아니라고 하여 고객의 불만에 대하여 자신은 책임이 전혀 없다는 말은 아니다. 개인은 한 회

사 구성원의 일원으로서 자신의 행동 결과이든 다른 사람의 행동 결과이든 고객의 불만에 대한 책임을 함께 져야만 한다. 한 번쯤 모두가 경험하였겠지만 특정 회사에 특정 업무로 전화를 했을 때 통화자가 자신의 담당업무가 아니라고 하여 담당자를 바꾸겠다며 몇 번씩 전화를 돌리고 그러다가 전화가 끊기거나 한참 후에야 담당자가 지금 자리에 없다면서 나중에 다시 전화하라고 하는 경우가 있다. 조직 구성원간 의사소통이 활발하고 업무 협조가 유기적으로 잘 이루어지는 조직은 담당자가 없어도 동료들이 모두 자신의 일처럼 친절하고 깔끔하게 고객에게 대응한다. 불만고객에게는 누가 담당자인지가 중요한 것이 아니라 자신의 문제를 해결해 줄 것인지 아닌지가 중요하다. 따라서 고객의 불만에 대하여 조직구성원 모두가 공동의 책임의식을 가져야 한다. 두 번째 감정통제의 원칙이다. 행동이나 말이 거친 고객을 직접 대면하거나 말이 거친 고객과의 통화가 길어지다 보면 자신도 모르게 자신의 감정을 드러내는 경우가 발생하게 된다. 직장인은 고객을 만나 소통하고 전화로 대화하는 것이 직업이기 때문에 고객과의 만남에서 오는 부담감을 극복하고 자신의 감정도 통제할 수 있어야 한다. 고객을 대할 때 자신감을 잃지 않으면서 끝까지 자신의 감정을 지키는 것이 감정통제의 기본이다. 세 번째 언어절제의 원칙이다. 고객을 응대할 때 말을 많이 하는 것을 삼가하여야 한다. 고객 응대에 실패하는 이유의 대부분은 자신의 말을 절제하지 못하기 때문이다. 고객보다 말을 많이 한다는 것은 고객의 입장보다는 자신의 입장을 우선시하기 때문이다. 반대로 고객의 말을 많이 들어주는 것이 고객의 응대에서 가장 기본적인 자세이다. 앞에서 이미 언급하였지만 고객 응대 예절에서 가장 기본적인 자세는 경청의 자세이다. 네 번째 피뢰침의 원칙이다. 이는 불만 고객의 불합리한 분노로 인해 자신의 감정을 조절할 수 없다고 느껴질 때 필요한 생각으로, 자신을 조직의 피뢰침이라고 생각하는 것이다. 불만 고객이 화를 내면 고객 응대를 하던 직원이 같이 화를 내고 싸우는 경우가 가끔 발생한다. 얼마나 화가 났으면 직원이 고객에게 맞대응을 할까 하는 생각도 들지만 웬만하면 참았으면 좋지 않았을까 하는 아쉬운 생각이 들 때가 많다. 피뢰침은 번개를 직접 맞지만 자신은 상처를 입지 않을 뿐 아니라 집이나 건물까지도 아무런 상처가 없도록 번개를 땅으로 흘려보낸다. 고객은 자신에게 개인적 감정으로 화를 내는 것이 아니라 일 처리에 대한 불만으로 회사에 대하여 항의하는 것이다. 따라서 자신이 아닌 회사에 항의하는 것이라는 생각을 가져야 심한 고객의 분노 표현으로부터 자유로울 수 있는 것이다. 이러한 피뢰침의 역할을 자신이 성실히 수행함으로써 자신과 회사에 상처를 입히지 않고 업무를 수행할 수 있다. 다섯 번째 역지사지의 원칙이다. 이는 고객 응대의 과정에서 자신이 고객의 입장이 되어 보지 않고서는 고객의 마음을 이해할 수 없다는 것이다. 고객을 이해하기 위해서는 반드시 고객의 입장에서 고객이 제기한 문제를 바라봐야 한다. 고객은 자신의 회사 규정을 보지도 못했고 알지도 못하며 그 규정의 합리적 존재 이유에 대해서 알지도 못하거니와 업무를 처리하는 절차에도 관심이 없다. 많은 경우 고객이 마치 자기 회사의 규정이나 업무 프로세서 등을 잘 알고 있다는 듯이 응대하는 오류를 범하고 있다. 또한 자신에게 관심을 가지는 사람에게 호감을 가지듯이 고객 또한 자신에게 관심을 가져주는 사람에게 호감을 갖기 마련이다. 고객에게 관심을 보여야만 자신의 말과 설명이 고객에게 제대로 전달되어 고객이 마음으로 이해할 수 있다.

불만 고객을 응대하기 위해서는 사과, 경청, 수용의 마음가짐이 필요하다. 불만 고객을 대할 때 가장 먼저 필요한 마음가짐은 사과의 마음가짐이다. 경청은 고객의 말을 귀로 듣는 것이 아니라 가슴으로 듣는 것을 말하며 고객 응대의 가장 기본적인 자세이기도 하다. 경청의 마음가짐이란 결국 고객의 말을 가슴으로 진정으로 받아들이는 것을 말한다. 경청은 고객이 불만을 이야기할 때 고객의 눈에 시선을 맞추고 고개를 끄덕이거나 안타까운 표정을 짓는 등의 행동을 포함한다. 또한 몸은 고객을 향하여 약간 기울여 고객의 말을 듣고 필요하다면 고객이 하는 말을 메모하는 것도 좋다. 고객의 불만을 진심으로 들어준다고 고객이 생각하면 고객의 불만 정도는 점점 낮아지게 된다. 수용의 마음가짐은 고객의 불만을 기꺼이 받아들이고 적극적으로 해결한다는 마음가짐을 말한다. 사과와 경청으로 고객 불만의 정도를 상당히 감소시킬 수 있지만 이에 더해 고객의 불만을 해결할 수 있는 수단이나 방법을 제시함으로 고객의 불만을 해결할 수 있다. 고객의 입장에서 불만을 해결하였을 경우 불만 고객이 자기 회사의 충성고객으로 바뀔 수 있다. 또한 문제해결에 만족한 불만 고객이 충성고객으로 바뀌면 다른 고객을 추천하거나 소개하는 등 자신이나 자신의 회사에 우호적인 행동을 할 가능성도 커진다.

[그림 6-2] 불만 고객 응대 순서

진심으로 사과하기

⇩

선입견 없이 듣기

⇩

문제에 대한 해결책 찾기

⇩

결과 만족 여부 확인하기

⇩

불만 고객 응대 메뉴얼 만들기

불만 고객을 응대하는 순서는 다음과 같다. 첫 번째 단계가 '진심으로 사과하기'이다. 고객의 불만은 자기 회사의 제품이나 서비스가 고객의 기대에 미치지 못했기 때문이다. 고객 불만에 대하여 고객이나 자기 회사의 잘잘못을 따지기보다는 자신이 먼저 사과하여야 한다. 사과는 고객의 서운한 마음을 이해한다는 것을 보여주는 것이고, 아무리 화가 난 고객이라도 진심으로 사과하는 사람에게는 매정하게 대하지 않는다. 고객의 불만은 자기 회사의 제품이나 서비스의 문제점을 발견하고 개선하기 위한 좋은 정보이므로 이 문제를 적극적으로 해결하고자 하는 의지가 있다는 인상을 받을 수 있도록 고객의 관심과 의견에 감사를 표시한다는 의미에서도 사과는 중요하다. 두 번째 단계는 '선입견 없이 듣기'이다. 고객이 불만을 제기하면 우선 고객의 말을 잘 들어야 하며 선입견을 갖고 고객을 판단하지 않도록 한다. 고객의 불만을 들을 때는 공감하고 있음을 보여주어야 하고 방어적인 태도로 따지거나 심문하는 느낌을 주지 않도록 한다. 이때 고객이 말했던 불만은 요약해서 재확인하는 것이 대단히 중요하다. 세 번째 단계는 '문제에 대한 해결책 찾기'이다. 문제점이 무엇인지 파악했다면 해결책을 찾아야 한다. 모든 제품이나 서비스에는 결점이나 결함이 있기 마련이다. 고객의 불만 원인은 제품의 문제, 고객 자체의 문제, 직원에 대한 문제 등이 있는데 이중 고객 불만이 발생하는 가장 큰 원인은 직원에 대한 문제 즉 직원의 고객 응대 과정에서 비롯된다. 해결책을 찾으려면 고객의 말을 경청하고 확실하지 않은 부분에 대해서는 질문을 하여야 한다. 이때 개방형 질문, 즉 '예', '아니오'라는 대답을 요구하지 않는 질문을 하는 것이 고객의 불만에 대해 자세히 알고 문제의 근원을 파악하는 데 도움이 된다. 자신이 해결할 수 있는 일이라면 그 자리에서 처리하는 것이 좋고, 해결이 어려울 경우는 가능한 방법을 알려 주거나 대안을 제시해 주어야 한다. 네 번째 단계는 '결과 만족 여부 확인하기'이다. 고객의 불만을 신속하게 처리하거나 문제를 해결한 경우 그에 그치지 않고 고객에게 감사의 인사를 전하면서 고객이 불만 해결에 대하여 만족하는 지 여부를 확인하여야 한다. 직접 고객을 만나서 확인하는 경우도 있으나 최근에는 이메일이나 설문조사 등의 형태로 확인하는 경우가 많다. 다섯 번째 단계는 '불만 고객 응대 메뉴얼 만들기'이다. 고객 불만 사항 처리와 관련하여 자세한 사항을 기록하고 문서화하는 것이 필요하다. 불만 고객 대응은 '현재'와 '나 자신만'의 문제가 아니라 '미래'와 '직장 동료'의 문제이기 때문에 문서화된 메뉴얼로 대응 경험이나 방법 등을 공유하는 것이 필요하다. 또한 불만을 느낀 고객은 직접 항의 외에도 이메일 송부, 소셜 미디어에서의 공유, 커뮤니티 활동 등 다양한 경로로 불만을 전파하는데 이처럼 다양한 채널에서의 고객 불만에 대한 대응 메뉴얼을 만들어 놓는 것이 좋다. 문서화된 메뉴얼은 문제점을 모니터링하고 신속하게 해결책을 마련할 수 있을 뿐만 아니라 향후 유사한 불만을 원활하게 대응하여 처리할 수 있게 한다.

불만 고객 대응에 다양한 기법이 있다. 먼저 **HEAT 기법**이다. H는 불만 사항 경청하기(hear them out)로 고객이 불만 사항을 다 이야기할 때까지 들어 주는 것이다. E는 깊이 공감하기(empathize)로 고객의 불만이나 분노를 깊이 공감하고 이를 충분히 이해하였음을 전하는 것이다. A는 진심으로 사과하기(apologize)로 불만을 제기하는 고객에게 정중하게 사과하는 것이다. T는 최선의 해결책 제시하기(take responsibility)로 문제의 해결책을 검토하고 고객과 확인한 후 문제를 신속하게 해결하는 것이다. 스타벅스(Starbucks)의 **LATTE 기법**도 있다. 스타벅스는 불만 고객에 대처하기 위한 교육 방법으로 직원들에게 LATTE 기법을 교육시키고 있다. L은 Listen으로 고객의 말 귀담아 듣기이고, A는 Acknowledge로 고객의 불만 인정하기이며, T는 Take action으로 문제해결을 위해 행동하기이고, T는 Thank로 고객에게 감사하기이며, 마지막으로 E는 Explain으로 문제 발생 이유 설명하기이다. **TPM 기법**도 있다, 이는 TPM은 Time(시간), Place(장소), Man(사람)을 가리킨다. 먼저

T는 시간적 여유를 갖고 불만 고객을 응대하라는 것이다. 불만 고객은 고객 응대 직원을 대하면 화를 내거나 감정을 표출할 수 있는데 이때 바로 고객의 문제를 해결하려고 시도하지 말고 시간적 여유를 가지고 고객의 불만을 들어 주면서 고객이 감정을 추스르고 이성적으로 문제를 대할 수 있도록 하라는 것이다. P는 불만 고객을 대하면 그 자리에서 응대하는 것이 아니라 공개적인 장소를 벗어나 다른 고객과 분리하여 편안한 자리로 이동하여 불만을 듣고 해결을 도모하라는 것이다. 이는 불만 고객은 다른 고객 앞에서 더 흥분하기 쉽고 더 큰 소리로 불만을 표출할 수 있기 때문이다. 또한 불만 고객의 행동으로 자신이나 자기 회사에 좋지 않은 영향을 미치는 입소문 등이 날 수 있기 때문이다. M은 불만 고객을 응대하는 직원이 불만을 해결하지 못한 경우, 직급이 높은 상급자나 책임자가 불만 고객을 응대하라는 것이다. 현장 직원이나 하급자보다는 상급자가 불만 고객을 응대하는 것이 더 효과적이다. 그리고 그 상급자로도 불만을 해결하지 못한 경우 점차로 높은 직급으로 올라가야 한다.

제 4 절 방문 예절

직장생활을 하다 보면 비즈니스상 고객이나 거래처를 방문하거나 바이어를 상대하는 경우가 많다. 특히 마케팅이나 영업을 담당하는 직원들의 경우에는 고객 방문이 아주 빈번하다. 따라서 고객을 방문할 때의 예절에도 주의를 기울이고 평소 몸에 익히도록 하여야 한다. 고객을 방문할 때 주의사항은 다음과 같다. 먼저 고객을 방문하기 전에는 반드시 전화나 메일로 약속시간을 미리 정하고 확인하여야 한다. 만나야 할 사람들과 만남의 목적, 대강의 만남 소요 시간, 방문 시간 등의 구체적 일정을 고객과 협의한 후 약속을 잡아야 하는데, 약속 2~3주 전에 약속을 잡도록 한다. 고객의 상황이나 사정, 시간 등을 고려하여 고객의 업무에 지장이 없도록 약속을 잡아야 하고 사전 연락이 없이 고객을 방문하는 것은 매너에 어긋난다. 보통 고객의 사무실 방문 시간은 오후 3~5시가 가장 적당하다. 그리고 약속한 후 미팅 참석자, 약속 시간 등을 확인하는 작업도 필요한데 보통 약속 2~3일 전에 다시 한번 확인하는 것이 좋다. 두 번째 용모 및 복장에 주의를 기울여야 한다. 용모 및 복장에서 중요한 것은 단정함과 청결함인데 그 중에서도 특히 신경써야 할 부분은 간결하고 정돈된 헤어 스타일, 산뜻하고 단정한 복장, 잘 닦여진 구두, 청결한 입 냄새, 손톱 가지런히 다듬기 등이다. 세 번째 고객과 만날 약속을 잡은 후에는 고객과의 만남을 위한 사전계획을 세워야 한다. 이에는 고객에게 이동하는 시간 및 이동 경로 확인, 고객과의 만남 시 대화 내용이나 회의 내용 사전 준비, 방문목적에 맞는 자료 준비 등이 포함된다. 네 번째 고객과의 약속 시간에 절대 늦어서는 안된다. 약속 시간 미준수는 비즈니스에서는 대단한 결례로 회의나 협상의 성패에 지대한 영향을 줄 수 있다. 앞에서 설명했듯이 약속한 후 미리 이동 시간과 이동 경로를 확인하는 것이 필요한 이유이기도 하다. 일반적으로 약속 시간 10분 전에 도착하는 것이 예의이며, 약속 시간보다 너무 일찍 도착하는 것도 예의에 어긋난다. 여유있게 도착하여 화장실 등에서 용모 및 복장을 점검한다. 부득이하게 약속 시간에 늦게 되는 경우 반드시 약속 시간 전에 고객에게 연락을 취하여 미리 양해를 구해야 한다. 또한 고객의 회사 내부가 아닌 외부 장소에서 약속을 잡았는데 약속한 당사자와 연락이 닿지 않는 경우 당사자의 회사로 연락하여 자신의 사정을 설명하고 메모를 남겨 두는 것이 예의이다. 그리고 약속 자체를 아예 지킬 수 없는 상황이라면 고객이 납득할 수 있는 분명한 이유를 설명하고 약속을 다음 기회로 변경해달라고 정중하게 부탁하여야 한다. 다섯 번째 고객보다 먼저 약속장소에 도착해서 지켜야 할 예절이 있다. 고객을 기다리면서 담배를 피우거나 상의를 벗는 행위는 금물이다. 이는 상대방을 가볍게 보거나 무시한다는 느낌을 주는 것이기 때문이다. 가방이나 노트북 등은 일단 발밑에 두고 명함은 바로 꺼낼 수 있도록 준비하여 둔다. 여섯 번째 미팅 중에도 지켜야 할 예절이 있다. 고객을 만나면 일어나서 인사하고 가벼운 인사말을 곁들이면서 명함을 교환한다. 다리를 꼬거나 의자에 상체를 반쯤 기대는 행동은 특별히 삼가하여야 한다. 회의나 면담 시 고객이 요구하는 내용은 주의 깊게 경청하고 메모를 하며 의문이 나는 사항은 바로 물어보아서 명확하게 요구사항을 파악하여야 한다. 일곱 번째 미팅 후에는 미팅 결과에 상관없이 정중하고 밝은 억양으로 고객에게 '귀한 시간 내주셔서 감사합니다'라고 인사한다. 고객 회사 내부에서 미팅을 끝내고 나오는 경우 안내 직원이나 비서 등에게도 인사를 하는 것이 좋다. 이는 자신과 자기 회사의 이미지를 돋보이게 하고 고객의 당사자나 관계자에 대해 정중함을 표시하는 하나의 방법이다. 미팅이 끝난 후 회사에 돌아와서 미팅 시 고객의 요구사항, 협의내용 등을 꼼꼼히 정리하고 당일 저녁이나 다음 날 전화나 메일로 고객에게 감사를 표시한다.

제 5 절 경조사 예절

경조사에는 크게 결혼식, 문병, 조문, 출산 등이 있다.

먼저 결혼 축하 예절이다. 직장생활 중에 직장 동료나 지인의 결혼식에 초대받아 결혼식에 참석하는 경우가 상당히 많다. 결혼식에 초대받으면 기본적으로 참석 여부를 답하는 것이 예의이며, 불가피한 사유로 참석하지 못하면 사전에 불참에 대한 사과와 함께 선물이나 축의금을 전하는 것이 좋다. 하지만 결혼식에 초대를 받게 되면 결혼식 참석 여부에 상관없이 축의금이나 선물을 보내는 것이 예의이다. 결혼식 선물은 결혼식 전날 전달하는 것이 좋으며 축의금을 전할 경우는 결혼식 당일 전하는 것이 좋다. 축의금의 경우 신랑 신부와의 친분 관계나 참석 여부에 따라 알맞은 금액으로 하되, 10만원 이하이면 3만원, 5만원, 7만원 등 홀수로 하고, 10만원 이상이면 10만원, 20만원, 10만원 단위로 하며, 15만원, 20만원, 25만원 등 5만원 단위로 하는 경우도 있다. 결혼식 축의금이 참석 여부에 따라 달라지는 이유는 결혼식 식대 비용 때문이다. 결혼식 식사 비용이 만만치 않아 이보다 적은 축의금을 전하는 것은 삼가하여야 한다. 결혼식에 축하객으로 참석하는 경우 신랑이나 신부보다 화려한 옷은 피한다. 특히 신부의 경우 흰색 드레스를 입는 경우가 보통이기 때문에 신부

드레스 색과 같은 흰색 원피스를 입는 등 굳이 신부와 비교가 되는 행동은 결례이다. 결혼식장에는 여유 있게 도착하여 축의금을 내고 혼주에게 결혼식장에 입장하기 전 축하의 말을 간단히 전한다. 결혼 축의금 봉투 앞면에는 축 혼인(祝 婚姻)이라고 쓰고 뒷면에는 부조하는 사람의 소속과 이름을 쓴다. 가까운 날에 장례를 치렀거나 장례식에 참석하였다면 결혼식에 초대를 받았다고 하더라도 양해를 구하고 참석하지 않는다. 결혼식에 참석하는 주목적이 축하이므로 결혼식을 관람하지 않고 바로 식사하는 것은 예의가 아니다. 결혼식에는 다양한 연령층의 하객이 참석하므로 결혼식장뿐 아니라 화장실, 식사 장소 등에서 신랑과 신부, 그 가족과 관련된 좋지 않은 이야기는 하지 않아야 한다.

직장 동료나 지인이 병에 걸리거나 사고를 당하면 가능한 빠른 시일내, 보통 수술이나 입원 2~3일 후에 문병을 가는 것이 좋다. 문병을 가는 경우 환자가 마음의 준비를 할 수 있도록 미리 연락하고 간다. 또한 병원에서 정한 면회 시간이 있으므로 이를 확인하고 가도록 하고, 그렇지 않으면 환자의 식사 시간, 회진 시간은 피하여 오전 10시경이나 오후 3시경에 가는 것이 좋다. 문병 전에 환자 상태가 어느 정도인지, 어떤 질병을 앓고 있는지 정도는 미리 숙지하고 가는 것이 좋다. 문병은 가능한 짧게 끝내서 환자의 부담을 덜어 주는 것이 좋은데 보통 20분 내외의 시간이 적당하다. 문병 시간이 너무 길어지면 환자 회복에 방해가 될 수 있으며, 다른 사람이 오면 같이 있거나 기다리지 말고 자리를 비켜주는 것이 좋다. 문병에서의 대화는 가급적 위로와 함께 건강을 회복할 수 있도록 희망적인 이야기를 하며 자극적인 화제는 피하는 것이 좋다. 말하는 도중 병세가 악화된 사람의 예를 드는 것은 절대 금물이다. 또한 환자가 자신의 상태를 먼저 말하지 않는 이상 지나치게 구체적으로 묻지 않도록 하며 특히 다인실의 경우 목소리가 너무 크면 주변 사람에게 피해를 줄 수 있으니 주의하여야 한다. 문병 시 선물은 환자와 가족에게 부담스럽지 않은 것으로 준비하는 것이 좋다. 평소 환자의 취미생활을 고려한 책이나 입원 생활에 도움이 되는 수건, 기초 화장품, 화장지 등도 좋으며 편한 잠자리를 위한 담요, 베개, 수면 양말 등도 바람직하다. 문병 시 꽃 선물은 가급적 피하는 것이 좋다. 환자가 있는 장소가 협소하여 둘 곳이 없고 꽃향기나 꽃가루가 환자의 건강에 악영향을 줄 수 있기 때문이다. 특히 피를 연상시키는 빨간색 꽃, 조문에 사용되는 국화는 환자에게 상당한 불쾌감을 주므로 절대 피하여야 한다. 문병 시 장례식 복장인 검정색 옷은 절대 금물이며 가능하면 흰색 복장도 피하는 것이 좋다. 빨간색, 핑크색 등 지나치게 강렬한 색상의 복장도 피하고 강한 향수는 환자를 자극할 수 있으므로 삼가하여야 한다.

조문은 돌아가신 분에게 예를 올리고 상주를 위로하는 행위로 인간의 도리 중 가장 기본적인 도리이다. 직장생활에서도 아주 중요하게 간주하는 예절이기도 하다. 부고를 받으면 사망 일시, 조문 장소, 상주의 성명과 연락처 등을 신속히 파악하고 가능한 빠른 시일내 조문하는 것이 바람직하다. 부고를 받으면 빠른 시일내 조문을 가야 하지만 아주 친한 관계가 아니면 하루 지나서 가는 것이 좋다. 첫날에는 상주가 입관 등으로 바쁘고 조문을 받을 준비가 되어 있지 않을 수 있기 때문이다. 가까운 친척이나 친지가 상을 당한 경우는 가급적 빨리 상가에 가서 상제를 도와 함께 장의 준비를 하는 것이 좋다. 상가에 가면 우선 상제들을 위로하고 장의 절차, 예산 관계 등을 상의하고 할 일을 서로 분담하여 책임있게 수행한다. 아무리 가까운 사이라도 복장을 바르게 하고 영위에 분향하고 절을 한다. 남성 조문객의 옷차림은 검정색 양복이 원칙이다. 검정색 양복이 준비되지 못한 경우 감색이나 회색 양복도 실례가 되지 않는다. 드레스 셔츠는 흰색으로 하고 넥타이, 양말, 구두는 검정색으로 한다. 여성 조문객의 옷차림은 검정색 상의에 검정색 스커트를 입는 것이 가장 무난하다. 주름치마는 폭이 넓어서 앉아도 신경이 쓰이지 않아 편리하다. 검정색 구두에 무늬가 없는 검정색 스타킹이 좋으며 장갑이나 핸드백도 검정색으로 통일하는 것이 좋다. 되도록 색채 화장은 피하는 것이 바람직하다. 조문 시 특히 삼가야 할 일은 다음과 같다. 조문 시 상제와 악수하지 않는다. 유족을 붙잡고 계속해서 말을 시키는 것은 장의 진행에 불편을 주고 유족에게 정신적 피로감을 주기 때문에 실례가 된다. 고인의 사망 원인, 경위 등을 유족에게 상세하게 묻는 것도 실례이다. 반가운 친구나 친지를 만나더라도 큰소리로 이름을 부르지 말아야 한다. 낮은 목소리로 조심스럽게 말하고 조문이 끝난 뒤 밖에서 따로 이야기하도록 한다. 휴대전화는 진동으로 하거나 전원을 꺼둔다. 조문하는 절차는 다음과 같다. 조문 장소에 도착하면 조문 장소 밖에서 외투를 벗는다. 호상소에서 조객록(고인이 남자인 경우) 또는 조위록(고인이 여자인 경우)에 조문하는 사람의 이름을 기록하고 부의금을 전달한 후 영정 앞에 분향이나 헌화, 절을 한다. 헌화 시에는 오른손으로 꽃줄기

하단을 가볍게 잡고 왼손바닥으로 오른손을 받쳐 들어 가슴부위까지 들어 올려 묵례하고, 두 손으로 공손히 꽃봉오리가 영정 쪽으로 향하게 하여 헌화대에 놓는다. 헌화 후 다시 묵례하고 기도나 절을 한다. 분향은 홀수인 3개 또는 1개의 향을 들고 불을 붙여 입으로 끄지 말고 손으로 끈 후 향로에 꽂고 묵례하고 기도하거나 절을 한다. 절을 할 때는 손은 평상시 공수와 반대로 남성은 오른손이 위로, 여성은 왼손이 위로 오도록 하고 잠시 묵례하며 명복을 빈 후 큰 절을 두 번 올린다. 일어서서 다시 허리를 조금 숙여 인사하며 엄숙하게 예의를 표한다. 종교를 가진 사람은 종교의식에 따라 기도 또는 묵념한다. 고인이 평상시 절을 하지 않아도 되었던 상대인 경우, 즉 자녀, 손자 등의 경우는 절을 하지 않는다. 상제에게 맞절을 하고 위로의 인사말을 한다. 절은 상제가 먼저 시작하고 늦게 일어나야 한다. 가장 많이 쓰는 인사말은 '얼마나 슬프십니까?', '삼가 조의를 표합니다'이다. 인사말 중에서 주의하여야 할 것은 '망극(罔極)'이라는 표현은 부모상에만, '참척(慘慽)'은 자손이 부모나 조부모에 앞서 죽은 경우에만 사용한다. 조위금을 전달하는 경우 상주에게 직접 전달하지 않는다. 조위금 봉투 앞면에는 '부의(賻儀)'라고 쓰는 것이 가장 일반적이다. 그밖에 '근조(謹弔)', '조의(弔儀)', '향촉대(香燭臺)'라고 쓰기도 한다. 조위금 봉투 뒷면에는 부조하는 사람의 이름을 쓰고 뒤에는 아무것도 쓰지 않아도 되지만, '곡배(哭拜)', '근정(謹呈)', '근상(謹上)'이라고 쓰기도 한다. 불가피한 사정으로 조문을 갈 수 없는 경우에는 조문이나 조전을 보낸다.

직장 동료나 지인이 출산한 경우 출산 소식을 듣고 바로 방문하지 않는다. 최소한 출산 후 3주 정도 지난 후 방문하는 것이 좋다. 이는 산모와 아기는 최소 21일이 지나야 건강을 회복할 수 있기 때문이다. 출산 선물은 산모 측에게 필요한 것을 물어보고 준비하되 가능하면 택배를 이용하는 것이 좋고, 3주 후 직접 방문하여 전달하는 경우에도 여럿이 방문하여 선물을 전달하는 것은 자제하도록 한다. 산후조리를 해야 하는 산모는 극도로 예민하고 신경이 날카로울 수 있어서 방문 자체를 자제하는 것이 좋다. 방문 시에는 특히 손과 발을 청결히 하고 아기가 귀엽다고 신체를 너무 가까이 하거나 많이 만지지 않도록 한다. 방문 시간도 가능하면 짧게 하도록 한다. 출산 축하 말을 하거나 축하 문구를 쓸 때는 '아기'와 '산모'를 함께 표현하는 것이 좋다.

7장

커뮤니케이션 스킬

제 1 절 커뮤니케이션의 정의 및 중요성

커뮤니케이션(communication)은 '공통' 또는 '공유'라는 의미의 라틴어 '커뮤니스(communis)'에서 유래하였으며, 공동체 또는 지역사회라는 의미의 영어 커뮤니티(community)와 그 뿌리를 같이한다. 커뮤니케이션은 보통 '의사소통'으로 이해하지만, 여기서는 커뮤니케이션을 '발신자와 수신자 사이에 상징을 통하여 정보 및 의미를 교환하는 과정'으로 정의한다. 그 외에도 커뮤니케이션의 의미에 대해서는 다양한 정의가 존재하는데 이를 살펴보면 다음과 같다.

1. 두 사람 이상이 생각, 정보, 지식, 정보, 의견, 느낌, 감정 등을 공유하는 사회적 상호작용이다.
2. 개인의 발전 및 조직의 형성과 존속을 위하여 필요불가결한 인간 사회의 기초가 되는 사회적 상호작용 과정이다.
3. 인간이 상호 정보를 전달하고 반응을 이끌어내는 과정이다.
4. 인간이 관계를 맺고 있는 상대방과 메시지를 주고, 받고, 해석하는 과정이다.
4. 인간이 서로의 행동 양식이나 생활 양식을 공유하는 행위이다.
5. 사회생활을 영위하는 인간과 인간 사이에 이루어지는 사상의 교환과 전달 행위이다.
7. 두 사람 이상이 언어적 또는 비언어적 소통 수단을 통하여 상호 의사와 감정을 전달하고 반응하는 과정이다.
8. 인간이 다양한 방법을 동원하여 서로 영향을 주고받으며 서로를 이해해 나가는 상호작용 과정이다.
9. 유기체들이 기호를 통하여 정보나 메시지를 전달하고 수신하여 서로 공통된 의미를 공유하고 서로의 행동에 영향을 미치는 과정과 행동이다.

이러한 다양한 의미로 해석되는 커뮤니케이션의 정의이지만 각 정의에 공통되는 속성이 있다. 먼저 커뮤니케이션은 두 사람 이상의 사이에서 발생한다. 즉 커뮤니케이션의 주체는 복수이다. 두 번째 커뮤니케이션은 두 사람 이상이 서로 영향을 주고받는 과정이다. 따라서 커뮤니케이션은 상호작용이다. 세 번째 커뮤니케이션은 상호이해를 도모하는 것으로, 이는 커뮤니케이션의 목적이라 할 수 있다. 네 번째 커뮤니케이션은 메시지를 교환하는 것인데 메시지에는 생각, 감정, 정보, 의견, 의미 등이 포함된다. 즉, 커뮤니케이션은 메시지의 교환이다. 다섯 번째 커뮤니케이션은 언어적 또는 비언어적 상징을 통하여 메시지를 교환한다. 즉 커뮤니케이션은 상징을 사용한다.

이러한 커뮤니케이션이 중요한 이유는 커뮤니케이션이 인간 생활의 기본적 속성이며 모든 사회적 과정의 바탕이 되기 때문이다. 커뮤니케이션은 인간을 가장 인간답게 만드는 의사 소통 과정이며, 인간이 이루는 모든 사회 조직과 사회 현상의 기본을 형성한다. 커뮤니케이션이 없으면 사람들의 상호 정보 교환이나 정서 교류가 불가능하고, 개인 또는 집단 간 계약관계나 권력관계, 문화의 세대간 전이도 모두 불가능하다. 따라서 커뮤니케이션은 인간이 사회의 일원으로서 살아가는데 필수불가결한 것으로 삶의 일부분이라고도 할 수 있으며 인간을 인간답게 만드는 가장 핵심적인 수단이라고 할 수 있다.

커뮤니케이션의 기능은 다음과 같이 분류하여 설명할 수 있다. 첫 번째 정보 전달 기능이다. 이는 커뮤니케이션이 개인이나 집단 또는 조직에 정보를 전달해 주는 기능을 함으로써 개인이나 집단의 활동에 촉매제 역할을 한다는 것이다. 두 번째 상호 조정 기능이다. 이는 커뮤니케이션이 주어진 사건이나 상황을 설명하고 이에 대한 의견을 제공함으로써 사회 각 부분이 서로 관계를 조정하고 사회 전체의 합의를 이루도록 촉진한다는 것이다. 세 번째 문화 전달 기능이다. 이는 커뮤니케이션이 문화 요소인 규범, 가치, 사고방식, 지식 등을 사회 구성원들에게 전달함으로써 그 사회의 문화가 세대를 이어 계승되도록 한다는 것이다. 네 번째 오락 및 정서 기능이다. 이는 커뮤니케이션이 흥미를 통해 사회 구성원들에게 여유와 휴식을 제공함으로써 정서를 순화시키고 일상생활에서 활기를 찾게 하는 기능을 한다는 것이다. 다섯 번째 통제 기능이다. 이는 커뮤니케이션이 조직의 목표를 조직구성원에게 전달하고 이를 바탕으로 조직구성원의 행동을 조정하고 통제하는 기능을 한다는 것이다.

커뮤니케이션이 이루어지는 과정을 표현한 것이 [그림 7-1]이다.

[그림 7-1] 커뮤니케이션 과정 모델

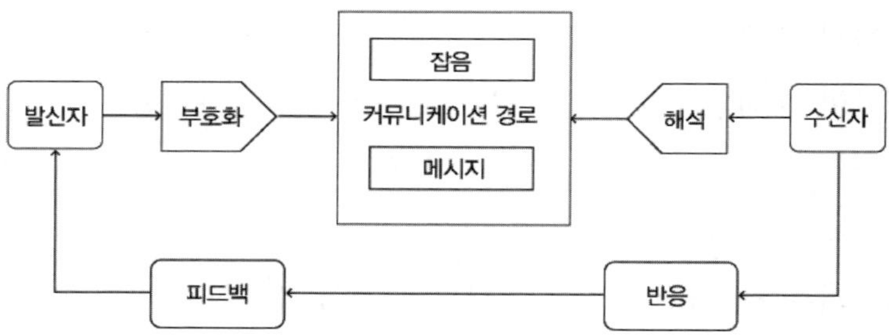

[그림 7-1]에서 발신자는 메시지를 보내는 당사자를 말하는 것으로 정보가 발생하는 정보원이라고도 할 수 있다. 부호화는 메시지를 효과적으로 전달하기 위하여 메시지 내용을 문자, 그림, 소리, 상징 등을 이용하여 시각적, 청각적, 언어적으로 부호화하거나 상징화하는 것을 말한다. 커뮤니케이션 경로는 메시지를 전

달하는 경로를 말하는 것으로 인적 매체와 비인적 매체로 구분할 수 있다. 인적 매체는 사람, 비인적 매체는 사람이외의 매체로 광고, 판매촉진, PR, 이벤트 등이 해당한다. 잡음은 발신자의 메시지에 대한 본래 의도와 다르게 수신자에게 전달되는 과정에서 발생하는 여러 가지 방해 요소를 말한다. 이에는 주변 소음, 전달 매체 문제, 타인과의 대화 등과 같은 외적 잡음, 수신자의 피로, 긴장, 부정적 감정 등과 같은 내적 잡음이 있다. 메시지는 발신자가 수신자에게 전달하고자 하는 기본적이거나 중요한 내용을 말한다. 해석은 메시지를 수신자가 해석하는 과정을 말한다. 수신자는 메시지를 전달받는 당사자로 전달된 메시지를 해석하고 의미를 부여하여 받아들인다. 피드백은 수신자의 반응이 발신자에게 다시 전달되는 것을 말한다. 반응은 메시지 노출 후, 수신자가 보이는 인지적, 감정적, 행동적 반응을 말하는 것으로, 인지적 반응은 메시지가 주장하는 내용에 대한 이해와 신념을 형성하고 표현하는 것을 말하며, 감정적 반응은 신념을 기초로 하여 대상에 대해 가지는 호의적, 비호의적 감정을 형성하고 표현하는 것을 말한다. 행동적 반응은 인지적 반응과 감정적 반응을 바탕으로 직접 행동으로 표현하는 과정을 말한다.

제 2 절 커뮤니케이션의 유형

커뮤니케이션은 전달 수단이나 상징체계, 공식성이나 경로, 피드백 유무 등에 따라 여러 가지 형태로 구분할 수 있다.

먼저 전달 수단에 따라 언어적 커뮤니케이션과 비언어적 커뮤니케이션으로 구분할 수 있다.

언어적 커뮤니케이션은 다시 구두에 의한 커뮤니케이션과 문서에 의한 커뮤니케이션으로 나눌 수 있다. 구두에 의한 커뮤니케이션은 대화, 회의, 명령, 지시, 발표 등과 같이 말로써 이루어지는 커뮤니케이션을 의미하고, 문서에 의한 커뮤니케이션은 메모, 일기, 보고서, 메뉴얼, 편지, 이메일, 간행물, 포스트 등 글로써 이루어지는 커뮤니케이션을 의미한다.

비언어적 커뮤니케이션에는 먼저 신체를 이용한 커뮤니케이션으로 얼굴 표정, 자세, 손, 발, 눈, 머리 등의 몸동작 등으로 커뮤니케이션하는 것이다. 또한 외모, 의상, 장신구 등에 의한 커뮤니케이션도 있는데, 이는 첫인상에 많은 영향을 미치는 커뮤니케이션이다. **준 언어** 또는 **유사 언어**(paralanguage)를 통한 커뮤니케이션도 있는데, 준 언어란 언어 자체가 아닌 언어의 음성적 측면과 관련하여 개인의 감정 상태와 성격을 나타내는 것을 말한다. 예를 들어 화가 났을 때는 평소보다 말의 속도가 빠르고 높은 음의 큰 소리를 내는 것이라든지, 억양에 변화가 많고 빠르게 말하는 사람은 정열적이고 외향적인 성격을 가진 사람으로 판단하는 것이다. 시간의 사용도 비언어적 커뮤니케이션이다. 약속 시간에 늦게 나타나거나 편지, 이메일, 전화 연락에 즉각 반응하지 않고 시간을 보내는 것은 무언의 메시지를 전달하는 것이다. 공간에 의한 비언어적 커뮤니케이션도 있는데, 사무실이나 책상의 크기, 사람과의 거리 등도 의미를 전달하는 커뮤니케이션이다. 사람과의 물리적 거리를 비언어적 커뮤니케이션으로 인식하는 것과 관련하여 **에드워드 홀**(Edward T. Hall)의 **근접학**(proximics)이 있다. 에드워드 홀은 사람들이 상황에 따라 이용하는 공간의 거리를 4개로 나누어 설명하고 있는데, 거리가 멀수록 업무적이고 공식적인 상황을 나타낸다. 친밀한 거리는 45㎝ 이내의 거리로 엄마와 아기, 연인 사이 등 매우 가까운 관계에서 유지하는 거리이다. 개인적 거리는 45~120㎝까지의 거리로 일반적인 친구 사이의 거리이다. 사회적 거리는 120~360㎝까지의 거리로 직장에서 공적인 업무로 대화할 때의 거리이다. 마지막으로 공적 거리는 360㎝ 이상의 거리로 이는 상호간 직접적인 커뮤니케이션이 불가능한 상황으로 흔히 공중을 대상으로 한 연설이나 강연 등에 이용되는 거리이다.

공식성에 따라 공식적 커뮤니케이션과 비공식적 커뮤니케이션으로 나눌 수 있다.

공식적 커뮤니케이션은 권한 체계와 업무 처리의 절차적 관계가 분명한 상태에서 이루어지는 커뮤니케이션을 의미한다. 커뮤니케이션이 권한 체계와 업무 처리의 절차적 관계가 명확한 상태에서 이루어지기 때문에 상급자가 업무 처리에서의 변동사항이나 공지 사항을 하급자와 상의하며 적시에 공지하는 커뮤니케이션 채널을 중시하는 경향이 있다. 일반적으로 조직 내에서 이루어지는 결재행위나 문서 전달, 공식회의, 보고 등의 행위에서 나타나며, 이에는 수직적 커뮤니케이션과 수평적 커뮤니케이션이 있다.

수직적 커뮤니케이션은 조직의 위계질서에 따른 커뮤니케이션을 말하는데, 이는 상향적 커뮤니케이션과 하향적 커뮤니케이션으로 나눌 수 있다. 상향적 커뮤니케이션은 조직의 하층에서 상층으로 올라가는 커뮤니케이션이다. 특히 이는 조직구성원의 참여의식이 강한 경우 나타나는 커뮤니케이션의 유형으로 조직원간의 효과적인 커뮤니케이션과 내부 결속력을 강화할 수 있다. 명령계통에 따른 보고, 불만 처리 절차, 내부 결재, 제안 등이 이에 해당한다. 이러한 상향적 커뮤니케이션을 '하의상달 커뮤니케이션'이라고도 한다. 조직 내 상급자와 하급자 사이에 쌍방향 커뮤니케이션을 가능하게 한다는 점에서 중요하지만, 대부분의 조직이 위계질서를 가지고 있는 관료적 구조이기 때문에 상향적 커뮤니케이션이 활발히 이루어지기 위해서는 하급자의 적극적인 태도와 상급자의 개방성과 하급자의 의견을 적극적으로 받아들이는 태도가 필요하다. 또한 하급자가 상급자에게 의사를 전달하는 과정에서 정보의 선택과 여과를 통해 최초 정보가 그대로 전달되지 않는다는 문제점이 있다. 하향적 커뮤니케이션은 일반적으로 조직의 명령계통을 통해서 위로부터 아래로 전달되는 명령이나 지시 등을 포함하는 커뮤니케이션이다. 이런 하향적 커뮤니케이션은 '관리적 커뮤니케이션' 또는 '상의하달 커뮤니케이션'이라고도 한다. 하향적 커뮤니케이션을 적절히 활용하기 위해서는 하급자가 이해할 수 있도록 내용이 명확해야 하며, 하급자의 수용 가능성이 높아야 하고 일관성과 적시성도 있어야 한다. 명령, 게시판, 사내보, 서신 등 조직구성원에게 필요한 정보나 조직의 목표, 가치, 비전 등을 전달하는 것들이 하향적 커뮤니케이션에 해당한다. 하향적 커뮤니케이션은 업무에 관련된 정보, 조직의 정책과 실행 방법 그리고 사명감을 고취시키기 위한 최고관리자의 의도와 정보 등을 적시에 명확하게 구성원들에게 전달함으로써 조직 전체의 효율성을 향상시키는 주요한 커뮤니케이션이다. 하지만 하향적 커뮤니케이션은 조직 내 커뮤니케이션 분위기가 권위적이고 위계적인 경우가 많기 때문에 정보의 전달 과정에서 불필요한 정보가 전달될 우려가 있다. 또한 조직의 위계질서 상 여러 단계를 거치면서 최초 정보의 상당 부분이 손실 혹은 왜곡되어 신뢰성의 문제가 발생하기도 한다.

수평적 커뮤니케이션은 '횡단적 커뮤니케이션'이라고도 하며 조직의 위계 수준이 대등한 구성원 간 또는 부서 간의 커뮤니케이션을 말한다. 위계적이지 않고 개방적이며 자유로운 커뮤니케이션으로 조직 내 구성원과 부서 간 조절의 기능을 수행하는 협력적인 성격을 가진다. 조직의 부서 간 혹은 구성원 간의 협조를 통해 공통된 목표 달성을 가능하게 하고, 업무 수행 과정에서 발생하는 문제를 원만하게 해결할 수 있다. 또한 다양한 구성원들의 정보공유를 통해 유기적 상호작용이 가능하기 때문에 정보 분담의 기능을 하기도 한다. 수평적 커뮤니케이션에는 사전 협의, 협조, 조정, 회람, 각종 위원회 및 회의 등이 있다.

비공식적 커뮤니케이션은 엄격한 위계질서나 권위 관계를 파괴한 커뮤니케이션으로 직무 이외에 개인적 혹은 사회적 친분으로서 조직구성원의 욕구에 따라 자발적으로 이루어지는 커뮤니케이션을 말한다. 이러한 비공식적 커뮤니케이션을 '**그레이프바인(grapevine)**'이라고도 하는데 이는 공식적 커뮤니케이션 채널인 전화선이 포도 넝쿨처럼 어지럽게 얽혀있음을 비유한 말로서, 호도된 메시지, 사실과 다른 정보, 소문 등과 같은 의미로 사용된다. 과거에는 주로 이러한 비공식적 커뮤니케이션이 조직이나 조직 정책에 불만이나 불평을 초래하고 집단 간의 벽을 높이고 분열을 조장하여 조직 내 분위기를 해친다는 우려가 있었다. 하지만 최근의 연구들은 비공식적 커뮤니케이션이 공식적 커뮤니케이션 채널보다 정보의 전달 속도가 빠르고 그 영향력이 크기 때문에 다른 사람들의 조직에 대한 긍정적인 의사를 전달하는 경우 오히려 조직에 긍정적 역할을 수행하고 공식적 커뮤니케이션으로는 부적절한 정보를 대신 전달함으로써 공식적 커뮤니케이션을 보완하는 기능을 수행하는 커뮤니케이션으로 인정되고 있다. 특히 최근에는 SNS(social network service) 확산으로 비공식적 커뮤니케이션 이슈가 더욱 부각되고 있다. SNS를 통하여 친구, 동료 등 지인과 인간관계를 강화하거나 새로운 인맥을 형성함으로써 폭넓은 인적 네트워크를 형성할 수 있게 됨에 따라 SNS가 개인적, 사회적 커뮤니케이션에 중요한 수단으로 자리 잡아가고 있고 나아가 비공식적인 커뮤니케이션 수단으로 적극 활용되고 있다. 한 연구 결과에 따르면 주로 여성 직장인이 남성에 비해 비공식적 커뮤니케이션을 더 많이 사용하고 있고, 상호의존도가 낮은 업무가 높은 업무에 비해 비공식적 커뮤니케이션 수단을 많이 이용하고 있는 것으로 나타났다.

피드백 유무에 따라 일방적 커뮤니케이션과 쌍방적 커뮤니케이션으로 구분할 수 있다.

일방적 커뮤니케이션은 개인이 다수를 상대로 일방적으로 이야기를 진행하는 것으로, 상대방의 입장을 고려하지 않거나 송신자의 정보 송신에 대하여 피드백이 없는 것을 말한다. 구체적 형태로는 지시, 명령, 훈시, 강의, 연설, 발표, 설교 등이 있다. 일방적 커뮤니케이션은 일반적으로 준비된 혹은 계획된 커뮤니케이션으로 전달자 개인의 판단이 상당히 중요하다. 따라서 커뮤니케이션 과정에서 상대방의 비언어적 커뮤니케이션인 얼굴 표정, 눈 접촉 등을 세심하게 파악하는 것이 필요하다. 일방적 커뮤니케이션의 장점으로는 정보나 의사를 전달하는 시간을 단축할 수 있고, 동일한 정보를 한 번에 다수에게 전달할 수 있다는 것이다. 단점으로 수신자의 이해력이 떨어질 수 있다는 것이다. 쌍방적 커뮤니케이션은 상대방과 상대방으로부터의 피드백을 고려하는 커뮤니케이션으로 커뮤니케이션이 상호 관계를 가지고 있다는 것이다. 개인간의 대화, 토론, 상담, 면담 등이 이에 속한다. 전달자의 이야기에 대해 수신자가 반응을 일으키고 그 다음 수신자가 또 다른 이야기를 전달하는 식이 된다. 따라서 일방적 커뮤니케이션에서는 전달자 개인이 중요시되었다면 쌍방적 커뮤니케이션에서는 전달자와 수신자 양쪽의 역할이 중요하다. 쌍방적 커뮤니케이션은 상대방에 대한 정보를 얻거나 상대방의 의사를 확인하는데 효과적으로 활용할 수 있다.

제 3 절 비즈니스 커뮤니케이션의 이해

비즈니스란 기본적으로 기업이 고객의 필요와 욕구를 만족시키고 그 대가로 수입이나 이익을 얻는 활동을 말한다. 따라서 이러한 기업의 활동은 커뮤니케이션 없이는 성립이 불가능하다고 할 수 있다. 비즈니스 커뮤니케이션이란 기업이나 조직에서

경영자, 관리자, 직원, 이해관계자가 개인과 개인, 개인과 집단, 집단과 집단 간에 정보, 사실, 의견, 감정, 생각 등을 전달하고 수신하고 해석하는 과정을 지칭한다. 이러한 비즈니스 커뮤니케이션은 다음과 같은 특징을 갖는다. 첫째 조직, 즉 기업을 전제로 한다. 기업은 다수가 모인 집단이 일반적 형태이지만 1인 기업도 존재한다. 둘째 개인과 개인 사이의 대인 커뮤니케이션이 이루어진다. 셋째 개인과 집단 사이의 커뮤니케이션이 이루어진다. 넷째 집단과 집단 사이의 커뮤니케이션도 이루어진다. 결론적으로 비즈니스 커뮤니케이션은 기업이라는 조직에서 이루어지는 개인과 개인, 개인과 집단, 집단과 집단 사이에 이루어지는 다면적 커뮤니케이션이라고 정의할 수 있다. 이러한 다면적 커뮤니케이션이 일반적인 상황의 커뮤니케이션과 구별되는 특징이다. 또한 비즈니스 커뮤니케이션은 기업이나 조직의 성과를 향상시키기 위하여 조직 내부 및 외부관계자와의 커뮤니케이션이 자연스럽게 이루어진다. 이에 비즈니스 커뮤니케이션은 다시 내부 커뮤니케이션과 외부 커뮤니케이션으로 구분한다. 내부 커뮤니케이션은 기업이나 조직 내부의 관계자 즉, 상급자, 동료, 하급자 등이 개인적으로 또는 집단적으로 커뮤니케이션하는 것을 말한다. 내부 커뮤니케이션은 사내 커뮤니케이션이라고도 하는데, 이는 커뮤니케이션을 통하여 회사나 조직의 절차, 정책, 업무 과정을 명확히 하고, 제품과 서비스를 개발, 변경, 개선하고, 경영층과 종업원이 소통하며 활동을 조정하기 때문이다. 외부 커뮤니케이션은 기업이나 조직이 외부관계자 즉, 고객, 공급자, 정부, 일반 대중, 언론 등의 이해관계자들과 개인적으로 또는 집단적으로 커뮤니케이션을 하는 것을 말한다. 외부 커뮤니케이션은 회사의 제품이나 서비스에 관한 질문에 답변하고, 제품이나 서비스를 구매하도록 고객을 설득하고, 부품 공급자에게 적시에 적량의 부품을 조달하도록 하며, 정부의 정책에 적극적으로 대응하고, 일반 대중에게 회사의 좋은 이미지를 홍보하며, 언론과도 좋은 관계를 유지하는 것이다.

이러한 비즈니스 커뮤니케이션은 환경의 변화, 특히 조직문화의 변화에 크게 영향을 받는다. 먼저 수직적 조직문화에서는 엄격한 위계질서에 따라 지시 및 통제를 바탕으로 위에서 아래로 내려오는 단일 방향의 의사전달이 주로 이루어지므로 일방적 커뮤니케이션, 개인 대 개인 커뮤니케이션, 개인 대 집단 커뮤니케이션이 이루어진다. 커뮤니케이션의 빈도가 적고 커뮤니케이션의 경로도 제한적이다. 커뮤니케이션의 방식은 전달, 발표, 강의 등으로 수신자가 소외감을 느낄 수 있고 강제적이고 복종적인 분위기에서 커뮤니케이션이 이루어진다. 수평적 조직문화에서는 조직 구성원이 대등한 위치에서 정보나 지식을 공유하므로 수평적 커뮤니케이션이나 쌍방향 커뮤니케이션이 이루어진다. 또한 개인 대 개인 커뮤니케이션, 개인 대 집단 커뮤니케이션이 이루어지지만 집단 대 집단 커뮤니케이션도 활발하게 이루어진다. 커뮤니케이션의 빈도가 많고 커뮤니케이션의 경로도 다양하다. 커뮤니케이션의 방식은 참여, 대화, 토론, 회의 등으로 수신자가 능동적이고 긍정적으로 반응하고 수용적이고 협력적인 분위기에서 커뮤니케이션이 이루어진다.

비즈니스 커뮤니케이션에서 빠질 수 없는 것이 프레젠테이션(presentation)이다. 프레젠테이션은 발표자가 참석자에게 정보를 전달하거나 이해를 돕거나 동의를 얻거나 행동을 하도록 하는 등 동기 부여를 목적으로 하는 의사소통을 위하여 고안된 시각적이고 청각적인 이벤트라고 할 수 있다. 이는 정해진 시간 내 상호간 원하는 목표를 달성하기 위하여 발표자가 참석자에게 정보, 사실, 의견 등을 전달하고 설득하는 과정이라고도 할 수 있다. 이러한 프레젠테이션은 현대사회를 살아가는 데 있어서 중요한 스킬이자 능력 가운데 하나이다. 의사소통 역량 가운데 표현 역량에 해당하는 말하기와 쓰기의 역량이 합쳐져 발현되는 능력일 뿐 아니라 21세기 IT 기기 발달의 활용력을 잘 보여줄 수 있는 역량이기도 하다. 이러한 프레젠테이션이 현대사회에서 필수적으로 요구되는 스킬이자 능력임에도 불구하고 조직 생활 특히 회사생활에서 가장 어렵고 부담스러운 업무이기도 하다. 효과적이고 성공적인 프레젠테이션을 위하여서는 목적(purpose), 청중(people), 장소(place) 등 3P를 잘 분석하여야 하고, 내용(content), 디자인(design), 전달(delivery)의 3요소가 잘 조화를 이루어야 한다[1].

3P 분석에서 먼저 프레젠테이션의 목적을 분석하여야 한다. 이를 위하여서는 프레젠테이션하려는 주제 영역을 정하고, 참석자들이 프레젠테이션을 통하여 기대하는 내용을 고려하여 주제 영역을 좁게 설정하여야 한다. 또한 프레젠테이션하려는 이유를 명확히 하여야 한다. 프레젠테이션이 정보를 제공하기 위한 것인지, 참석자의 이해를 돕는 것인지, 참석자의 동의를 얻기 위하여

1) 양혜련, 모듈식 프리젠테이션 교육 프로그램 개발, 한국비서학회, 비서사무경영연구, 제12권 제2호, 2003년 12월, p.75~78 인용하여 재정리함.

설득하는 것인지, 참석자의 행동을 유발하기 위하여 동기를 부여하는 것인지 등을 파악하여야 한다. 두 번째 프레젠테이션의 목적과 참석자의 기대를 효과적으로 파악하여 프레젠테이션의 효과를 극대화하기 위하여서는 청중을 철저하게 분석할 필요가 있다. 청중을 분석하기 위하여서는 참석자의 연령, 성별, 업무 영역, 직위, 교육 수준, 생활 수준 등 전문적이면서 개인적인 사실을 수집하여 분석하여야 한다. 특히, 청중이 프레젠테이션에 참석한 이유, 프레젠테이션 참석에 대한 느낌, 프레젠테이션에 대한 기대 등에 대한 사전 지식이나 이해가 필요하다. 세 번째 프레젠테이션하는 장소를 사전에 확인하고 점검하는 것이 필요하다. 프레젠테이션 장소의 크기, 좌석의 수와 배치, 스크린, 마이크, 연단 등 프레젠테이션 IT 기기, 인터넷의 연결 상태, 조명 상태와 조절 방법, 난방 및 냉방의 작동 여부 및 조절 방법, 방음 여부 등을 미리 점검하고 파악하여 프레젠테이션에 차질이 없도록 하여야 한다.

효과적인 프레젠테이션을 위하여 내용, 디자인, 전달의 구성의 3요소가 잘 조화를 이루어야 한다. 먼저 내용을 구성하기 위하여 자료를 조사하고 조사한 자료를 논리적으로 분류하여 정리하고 전체적인 개요를 파악하여야 한다. 이 때 발표자가 참석자에게 무엇을 얻기를 바라는가, 참석자가 주제에 대하여 이미 잘 알고 있는가, 프레젠테이션의 목적은 무엇인가 등의 질문에 대한 답을 다시 한번 정리하고 이에 따라 내용을 구성한다. 내용은 가장 일반적인 형식인 서론, 본론, 결론의 3단계 논법으로 정리하여 발표하도록 한다. 두 번째 디자인의 관점에서 효과적으로 내용을 전달하기 위하여 시청각 자료를 적극적으로 활용하여야 한다. 앞에서 이미 설명한 바와 같이 프레젠테이션이란 시각적 청각적 이벤트이므로 시청각 자료를 활용하는 것이 기본이다. 시각적 효과를 발휘하기 위하여 플립 차트, OHP, 슬라이드 등 다양한 수단을 활용하고 있으나 최근에는 파워포인트를 사용하는 것이 일반화되어 있다. 시각적 효과와 관련하여 프레젠테이션 자료의 배경색, 폰트, 글자 배열, 그림 배치 등에도 주의를 기울여야 한다. 청각적 효과를 발휘하기 위하여 음향 기기나 비디오를 활용한다. 디자인의 관점에서 시청각 자료를 효과적으로 활용하기 위해서는 프레젠테이션의 내용이 간결하고 명확하여야 한다는 명료성, 프레젠테이션의 내용이 목적이나 의도에 부합하여야 한다는 적합성, 전달하고자 하는 프레젠테이션의 내용이 일관되어야 한다는 일관성, 프레젠테이션 내용이 청중들에게 역동적으로 받아들여져야 한다는 역동성 등의 원칙이 잘 지켜져야 한다. 세 번째 프레젠테이션의 내용을 명확하게 표현하여 청중들에게 잘 전달하기 위하여 언어적 기술 및 비언어적 기술을 활용하여야 한다. 언어적 기술에는 목소리의 크기, 발음의 정확성, 목소리의 높낮이 등이 있지만 이외에도 프레젠테이션의 속도, 타이밍, 강조 등도 적절한 수단으로 사용하여야 한다. 비언어적 기술은 발표자의 시선, 얼굴표정, 손동작, 옷차림, 발표자와 청중 간의 거리 등이 해당하며 이는 발표자가 의식적으로 하는 행동이다.

프레젠테이션은 일반적으로 서론, 본론, 결론의 3단계로 이루어지는데 이를 정리한 것이 [표 7-1]이다. 3단계의 프레젠테이션이 일반적인 내용 전개의 형태이지만, 이를 도입 멘트, 서론, 본론, 결론, 결언의 5단계로 나누기도 한다. 5단계의 경우, 도입 멘트 부분에서는 발표자 자신의 소개와 인사말로 참석자의 주의를 집중시키고, 프레젠테이션의 주제와 참석자의 이해관계나 이익을 설명함으로써 프레젠테이션 경청을 위한 동기를 부여한다. 서론, 본론, 결론은 3단계의 프레젠테이션의 내용 전개와 유사하며, 결언 부분에서는 참석자들의 선택이나 행동을 촉구하고 감사의 메시지를 다시 한번 전한다.

[표 7-1] 프레젠테이션의 내용 구성

	구성
서론	o 흥미 유발을 위한 내용과 관련된 일화 또는 인상적 질문을 통한 참석자의 주의 및 관심 집중
본론	o 결론 도출을 위한 주요 내용을 3개 정도 제시 o 주요 내용의 세부 사항 전개 방법 - 3개의 요점 중 가장 중점을 두는 부분부터 시작하여 전개해 나가는 방법 - 3개의 요점을 점진적으로 전개해 나가는 방법 - 모든 요점에 같은 비중을 두고 전개해 나가는 방법
결론	o 핵심 내용의 요약 o 질의응답 시간 - 참석자와의 상호 작용을 통하여 발표 내용을 보완

(주) 이유미, 프레젠테이션 교육에 관한 연구 양상 고찰, 다빈치미래학교양연구소, 교양학연구 3집, 2016년 6월, p.217, [표 1]을 인용하여 재정리함.

프레젠테이션 내용을 3단계로 전개하는 것이 보통이지만, 그 내용을 구성할 때는 다음과 같은 기본 원칙에 따른다. 단순한 내용에서 복잡한 내용 순으로 배열한다. 쉬운 내용에서 어려운 내용 순으로 배열한다. 친숙한 내용에서 생소한 내용 순으로 배열한다. 구체적인 내용에서 추상적인 내용 순으로 배열한다. 긍정적인 내용에서 부정적인 내용 순으로 배열한다.

프레젠테이션의 본문 내용을 전달하는 기법으로 다양한 기법들이 소개되어 있지만 여기서는 PREST 기법에 대하여 설명한다. **PREST 기법**은 Point(결론), Range(범주), Example(예), Solution(방법), Summary(요약), Thank(감사)의 앞 글자를 따서 만든 용어이다. Point(결론)은 결론이나 주장을 명확히 제시한다는 것이다. Range(범주)는 결론과 주장을 뒷받침하는 근거를 범주화하는 것을 말하는데, 보통 1개의 결론이나 주장에 3개의 근거를 제시한다. Example(예)는 3개의 근거별로 3개 정도의 구체적인 예를 제시한다. Solution(방법)은 근거별로 문제를 해결할 방법을 제시한다. Summary(요약)은 지금까지의 내용을 한 문장으로 요약하여 재강조한다. Thank(감사)는 마지막으로 프레젠테이션을 경청한 참석자에게 감사를 표시한다.

결론적으로 비즈니스 프레젠테이션에서는 간단명료하게 본질에 집중하여 몇 개의 핵심어로 내용을 구성하는 것이 중요하다. 아울러 프레젠테이션이 어렵고 부담스러운 업무라는 인식이나 감정에서 벗어나기 위해서는 반복되는 연습이 절대 필요하다. 연습 시에는 소리 내어 실전처럼 연습하여야 하며 불필요한 언행을 최소화하고 시간을 맞추는 연습도 필수적이다.

제4절 나 전달법(I-message)과 너 전달법(You-message)

대인관계 커뮤니케이션에서 **나 전달법**(I-message) 또는 **나 진술**(I-statement)은 '나(I)'로 시작하는 주어 문장으로 표현하는 것으로 말하는 사람의 감정이나 신념, 가치 등에 대하여 주장하는 것이다. 반대로 **너 전달법**(You-message) 또는 **너 진술**(You-statement)은 '너(You)'라는 단어로 시작하여 듣는 사람에게 중점을 두게 된다. 심리학자 토머스 고든(Thomas Gordon)이 1960년대에 어린이들과 토머스 기차놀이 치료를 하면서 이 용어를 만들었는데, 이는 원래 부모와 아이의 대화법으로 시작하였으나, 현재는 일상생활의 의사소통에 있어서 많이 사용되고 있는 대화법이다.

먼저 나 전달법(I-message)은 말의 주체가 '나', 즉 '나'를 주어로 상대방의 말이나 행동이 나에게 미치는 영향이나 피해, 상대방의 말이나 행동으로 인하여 내가 느끼는 감정이나 생각을 이야기하는 것이다. 나를 중심으로 하는 표현을 사용하여 상대방의 행동과 관련된 나 자신의 생각이나 감정을 표현하는 대화방식은 상대방에게 개방적이고 솔직하다는 느낌을 전달함으로써 상대방과 관련된 문제를 해결하는데 효과적일 수 있다. 나-전달법의 사용 원리는 행동 → 영향 → 감정 순으로 진행한다. 첫 번째 행동은 문제가 되는 상대방의 행동과 상황을 구체적으로 표현하는 것이다. 이때 어떤 평가, 비판, 비난의 의미를 담지 말고 객관적인 사실만을 말하는 것이 좋다. 두 번째 영향은 상대방의 행동이 자신에게 미친 영향을 구체적으로 말하는 것이다. 세 번째 감정은 그러한 영향 때문에 나 자신에게 생긴 감정을 솔직하게 말하는 것이다. 예를 들어 '네가 약속 시간에 1시간이나 늦었어(행동), 내가 계획한 것을 정해진 시간 내에 마치지 못하게 되어(영향), (내가) 초조하고 답답하다(감정).'라고 표현하는 것이다. 나 전달법은 상대방은 별로 잘못했다고 생각하지 않거나 문제가 될 만한 일이 아니라고 생각하고 있지만, 내가 생각하기에는 문제가 되거나 잘못이라고 생각하는 경우 상대방과 관련된 문제를 해결하기 위해 대화할 때 사용한다. 나 전달법은 듣는 이가 자신의 행동으로 인하여 상대방이 어떠한 상황에 놓이고 어떻게 영향을 받는지를 알게 됨으로써 듣는 이의 역할 수행 능력을 촉진할 수 있을 뿐만 아니라, 말하는 이는 자신의 의사를 차분한 대화로 전달함으로써 듣는 이로 하여금 대화의 중요성을 인식시킬 수 있다. 이러한 나 전달법의 장점은 먼저 상대방의 방어심리를 감소시킨다. 나 전달법은 상대방을 직접 판단, 평가, 공격하는 것이 아니기 때문에 상대방의 방어심리를 덜 유발한다. 상대방은 나 전달법을 통해 훨씬 편안하게 대화할 수 있다. 둘째 솔직성이다. 누구든지 솔직한 이야기를 들으면 함께 솔직해지기 쉽고 훨씬 진지하게 대화에 임할 수 있다. 셋째 완전성이다. 단순히 '…하다'라고만 단정적으로 말하는 것이 아니라 전후 사정과 그에 대한 나의 입장까지 알려주는 것이기 때문에 나 전달법은 완전한 메시지라고 할 수 있다.

너 전달법(You-message)은 '너'를 주어로 하여 상대방의 행동을 표현하는 대화방식으로, 문제나 행동의 주체를 상대방에게 넘기는 대화방식이다. 너 전달법은 부정적인 지시어나 의미가 포함되는 경우가 많아 상대방이 부정적인 문장의 주체가 되어 마음에 상처를 받거나 자존심을 상하게 할 수 있다. 너 전달법은 '너'를 중심으로 하는 표현을 사용하여 상대방의 행동을 표현함으로써 상대방을 공격, 비난한다는 느낌을 전달하기 쉽다. 또한 너 전달법은 명령형으로 강제적이고 권위적인 요소를 포함하는 의사전달일 수 있으며, 듣는 이로 하여금 자신의 의도와 상관없이 불완전하게 자신의 정체성이 상대방에 의하여 일방적으로 결정되고 판단된다는 점을 의미할 수 있다. 나 전달법과 너 전달법을 비교하여 정리한 것이 [표 7-2]이다.

[표 7-2] 나 전달법과 너 전달법 비교

	나 전달법	너 전달법
정의	'나'를 주어로 상대방의 행동에 대한 나의 생각이나 감정을 표현하는 대화방식	'너'를 주어로 하여 상대방의 행동을 표현하는 대화방식
예	네가 그런 행동을 하면 내 마음이 아파	너, 그런 행동하지 마라
	일이 자꾸 늦어져서 (내가) 걱정이네	너, 일처리가 왜 이렇게 늦어 ?
	시끄러워서 (내가) 강의를 진행하기 어렵네	너희들, 조용히 해라
	엄마 말을 들어주었으면 (내가) 좋겠네	너는 엄마 말을 전혀 듣지 않네
결과	- 상대방에게 나의 입장과 감정을 전달함으로써 상호이해를 도울 수 있다. - 상대방에게 내가 개방적이고 솔직하다는 느낌을 전달할 수 있다. - 상대방이 나의 입장이나 의견, 감정을 수용하고 자발적으로 자신의 문제를 해결하고자 하는 의도를 가질 수 있다.	- 상대방에게 문제가 있다고 표현함으로써 상호관계를 악화시킬 수 있다. - 상대방에게 일방적으로 강요, 비난, 공격받는다는 느낌을 전달할 수 있다. - 상대방이 변명하거나 반감, 저항, 공격성을 노일 수 있다.

제 5 절 성격 유형과 커뮤니케이션

성격이란 개인을 특징짓는 지속적이며 일관된 행동양식으로, 어떠한 주어진 상황에서 당사자가 어떠한 행동을 할 것인가를 당사자 이외의 사람들이 예상하게 하는 것이라고 할 수 있다. 다시 말해서 성격이란 주위 환경이나 주위 사람들에 대하여 생각하고 느끼고 행동하는 일련의 반응 양식으로, 개인의 행동 패턴을 묘사하고 설명하는데 활용할 수 있는 안정된 특성이라고 할 수 있다. 따라서 성격 유형에 따라 커뮤니케이션 능력에 차이가 있을 수 있고, 선호하는 커뮤니케이션의 방식도 다르리라는 것은 쉽게 예상할 수 있다. 이는 같은 상황이 하더라도 성격 유형별로 바라보는 대상이 다르고, 그것을 표현하는 방식이 다르고, 상대방의 언어를 해석하는 방식이 다르기 때문이다. 이러한 차이를 잘 이해한다면 커뮤니케이션에서 발생할 수 있는 여러 형태의 오해와 문제를 대폭 해결할 수 있으며 역으로 커뮤니케이션 패턴을 잘 관찰하면 상대방의 성격 유형을 파악할 수도 있다. 개인의 성격 특성을 밝히기 위한 수많은 연구들이 이미 수행되었으며, 성격 유형을 측정하기 위한 도구도 개발되었다. 이 책에서는 성격 유형을 측정하는 도구 중에서 최근 가장 많이 언급되고 있고 활용되고 있는 MBTI에 대하여 설명하기도 한다.

마이어스-브릭스 유형 지표(Myers-Briggs Type Indicator, MBTI)는 캐서린 쿡 브릭스(Katharine C. Briggs)와 그녀의 딸 이자벨 브릭스 마이어스(Isabel B. Myers)가 칼 융(Carl G. Jung)의 초기 분석심리학

모델을 바탕으로 1944년에 보다 쉽고 일상생활에 유용하게 활용할 수 있도록 개발한 성격 유형 선호 지표로서 사람의 성격을 16가지의 유형으로 나누어 설명하는 자기 보고식 성격 유형 지표이다. 이후 MBTI Form A, B, C, D, E를 거쳐 1962년 Form F가 미국 ETS(Educational Testing Service)에 의해 출판되었고, 1975년 Form G가 개발되어 미국 CPP에서 출판되었으며 현재에는 Form J, K, M, Q 등이 개발되어 있다. MBTI는 개인의 타고난 선천적인 선호 경향을 파악하기 위한 것으로 현재 세계에서 가장 널리 사용되는 심리 검사의 하나이다. 현재 MBTI을 기업, 학교, 단체 등에서 많이 활용하고 있는 이유는 MBTI가 자신의 심리적 특성과 행동을 이해하도록 도울 뿐만 아니라 타인의 심리적 특성과 행동을 이해하도록 도움으로써 대인관계를 개선하는데 도움을 주기 때문이다. MBTI에서는 2개의 태도 지표(외향－내향, 판단－인식)와 2개의 기능 지표(감각－직관, 사고－감정)에 대한 개인의 선호도를 밝혀서 4개의 선호 지표로 구성된 개인의 성격 유형을 알려준다. 따라서 MBTI 검사 결과로 생길 수 있는 성격 유형은 모두 16개이다.

먼저 MBTI에서는 인간의 내적 과정을 다음과 같은 4개의 선호 지표로 분류한다. 첫 번째 '주의 초점'으로 이는 개인의 에너지 방향이 외향적인가 아니면 내향적인가에 관한 것이다. 외향형(Extroversion)은 자기 외부에 주의를 집중하는 것으로, 다른 누군가에게 지식이나 의견, 감정 등을 표현함으로써 에너지를 얻는다. 사교적이고 활동적이며 외부 활동에 적극성을 발휘한다. 폭넓은 대인관계를 가지며 글보다는 말로 표현하기를 좋아하며 경험을 통해 이해한다. 내향형(Introversion)은 자기 내부에 주의를 집중하는 것으로, 지식이나 의견, 감정 등에 대한 자각의 깊이를 늘려감으로써 에너지를 얻는다. 조용하고 신중하며 내면 활동에 집중력을 발휘한다. 깊이 있는 대인관계를 가지며 말보다는 글로 표현하기를 좋아하고 이해한 다음 행동한다. 외향형은 영문 첫 글자 E로 표현하고 내향형은 영문 첫 글자 I로 표현한다. 두 번째는 '인식 기능'으로 이는 사람이나 사물을 인식하는 방식으로 사람이나 사물을 인식하는 것이 감각적인가 아니면 직관적인가에 관한 것이다. 감각형(Sensing)은 사람이나 사물을 인식할 때 오감이나 경험에 크게 의존한다. 현실적이며 실제 경험을 중시하고 지금에 초점을 맞추어 일을 처리한다. 숲보다 나무를 보려는 경향이 강하다. 직관형(iNtuition)은 사람이나 사물을 인식할 때 직관이나 영감에 크게 의존한다. 이상주의적이고 아이디어를 중시하며 추상적이고 미래지향적이다. 개연성과 의미에 초점을 맞추어 일을 신속하게 처리한다. 사건이나 상황을 비유적이고 암시적으로 묘사한다. 나무보다 숲을 보려는 경향이 강하며 자신만의 세계관이 뚜렷하다. 감각형은 영문 첫 글자 S로 표현하고 직관형은 영문 N으로 표현한다. 세 번째는 '판단 기능'으로 이는 개인이 결정을 내리는 방식을 가리키는 것으로 개인이 결정을 내릴 때 합리적으로 사실에 근거하여 내리는가 아니면 주관적으로 자신의 기분 내키는 대로 내리는가에 관한 것이다. 사고형(Thinking)은 업무 중심적 스타일로, 진실과 사실에 주로 관심을 가지며 '맞다, 틀리다'의 판단을 선호한다. 논리적이고 분석적이며 객관적으로 사실을 판단한다. 원리와 원칙을 중시하고 논평하기를 좋아한다. 감정형보다 현실주의적이다. 감정형(Feeling)은 인간관계 중심적 스타일로, 사람과의 관계에 주로 관심을 가지며 '좋다, 나쁘다'라는 판단을 선호한다. 상황적이고 포괄적이며 주변 상황을 고려하여 판단한다. 의미, 영향, 도덕성 등을 중시한다. 우호적이고 협조적이며 공감하기를 좋아한다. 사고형보다 이상주의적이다. 사고형은 영문 첫 글자 T로 표현하고 감정형은 영문 첫 글자 F로 표현한다. 네 번째는 '생활 양식'으로 이는 개인이 선호하는 삶의 패턴을 가리키는 것으로 개인이 계획적이고 조직적으로 생활하는가 아니면 계획성 없이 주관적으로 융통성있게 생활하는가에 관한 것이다. 판단형(Judging)은 분명한 목적과 방향을 선호하는 스타일로, 계획적이고 체계적이며 기한을 엄수한다. 깔끔하게 정리 정돈을 잘하며 뚜렷한 자기 의사와 기준으로 신속하게 결론을 내린다. 인식형(Perceiving)은 자율적이고 유동적인 목표와 방향을 선호하는 스타일로, 자율적이고 융통성이 있으며 재량에 따라 일정을 변경할 수 있다. 틀에 박힌 생활이나 여유가 없는 생활은 구속으로 생각하고 새롭고 흥미로운 경험을 하려고 노력한다. 결과보다는 과정 자체를 즐기며 유유자적한 삶을 선호한다. 판단형은 영문 첫 글자 J로 표현하고 인식형은 영문 첫 글자 P로 표현한다. [표 7-3]은 MBTI의 4개 선호 지표와 16개 성격 유형을 정리한 것이다.

[표 7-3] MBTI의 4개 선호 지표와 16개 성격 유형

구분		사고형(T)		감정형(F)	
		판단형(J)	인식형(P)	판단형(J)	인식형(P)
내향형(I)	감각형(S)	ISTJ	ISTP	ISFJ	ISFP
	직관형(N)	INTJ	INTP	INFJ	INFP
외향형(E)	감각형(S)	ESTJ	ESTP	ESFJ	ESFP
	직관형(N)	ENTJ	ENTP	ENFJ	ENFP

MBTI의 16개 성격 유형은 다음과 같다[2].

ISTJ 유형은 책임감 있는 현실주의자로, 실제 사실에 대하여 정확하고 체계적으로 기억하며 일 처리에 있어서 신중하고 책임감이 강하다. 집중력이 강한 현실 감각을 지녔으며 조직적이고 침착하다. 보수적인 경향이 있으며 문제를 해결하는데 과거의 경험을 잘 적용하며, 반복되는 일상적인 일에 대한 인내력이 강하다. 정확성과 조직력을 발휘하는 분야의 일을 선호한다. 다소 내향적이지만 틀에 짜여진 조직에서 주어진 임무를 철저하게 완수하려 노력하며 규칙을 잘 준수하는 유형이다. 회사나 공공기관 근무를 선호하고 일반적으로 학교 선생님들이 매우 좋아하는 유형이다. 겉으로 튀는 것을 별로 안 좋아하고 용의 단정하며 정돈된 스타일이다.

ISTP 유형은 논리적인 실용주의자로, 과묵하며 절제된 호기심으로 객관적이고 합리적으로 인생을 관찰하는 유형이다. 상황을 민감하게 파악하며 도구를 다루는 뛰어난 능력을 소유하고 있

2) 나무위키 내용 참조.

다. 필요 이상으로 자신을 드러내지 않으며, 일과 관계되지 않는 이상 어떤 상황이나 인간관계에 직접 뛰어들지 않는다. 가능한 에너지 소비를 하지 않으려 하며, 사실적 자료를 정리하고 조직하기를 좋아하는 경향이 있으며 인과관계나 객관적 원리에 관심이 많다. 자신의 경계선 안으로 들어온 사람에게는 장난이 많고 따뜻한 면이 있으나, 그렇지 않은 사람에게는 무관심으로 일관한다. 무표정으로 보이는 경우가 많고 냉소적이고 차가운 이미지로 비춰지기도 한다.

ISFJ 유형은 실용적인 조력가로, 조용하고 차분하며 따뜻하고 친근한 유형이다. 책임감과 인내력이 매우 강하고 본인의 친한 친구나 가족에게 애정이 가득하다. 언제나 진솔하려 노력하고 가볍지 않기 때문에 관계를 맺기가 가장 어려우나 가장 믿음직스러운 유형이다. 사회생활 시 외부 환경에 대해 내향형 중에서 가장 방어력이 강하다. 상대방의 감정을 파악하는 데는 능숙하지만 표현하는 데는 서툴기 때문에 인간관계를 걱정하는 경우가 많다. 실제적이고 꼼꼼하고 계획적이며 협조적으로 일을 처리한다. 완벽한 결과물을 도출하지 못하는 경우 스트레스를 상당히 받으며 경험을 통해서 자신이 틀렸다고 인정할 때까지 꾸준히 밀고 나가는 스타일이다. 부드럽고 다정한 성격이지만 상대방에 따라 단호하고 차가울 때도 있기 때문에 감정이 쉽게 탄로나기도 한다.

ISFP 유형은 호기심 많은 예술가로, 말없이 다정하고 온화하며 사람들에게 친절하고 상대방을 잘 알게 될 때까지 자신의 내면의 모습이 잘 보이지 않는 스타일이다. 의견 충돌을 피하고 인화를 중시한다. 사람과 관계되는 일을 할 때 자신의 감정과 타인의 감정에 지나치게 민감한 경향이 있다. 사람 간의 화합을 중시하며 충돌을 회피하는 성향으로 인해 타인과의 갈등이 심화되는 경우 문제를 해결하기보다 상대방과의 관계를 끊을 수 있다. 문학, 음악, 미술 분야에 관심이 많아 예술가 기질도 있으며, 사회봉사 직종에도 잘 어울리는 유형이다.

INTJ 유형은 용의주도한 전략가로, 정확하고 계산된 움직임과 풍부한 지식을 소유하고 있는 스타일이다. 상상력이 풍부하면서 결단력이 있으며 야망은 있지만 대외적으로 표현하지 않으며, 호기심이 많지만 쓸데없는 데 에너지를 낭비하는 법이 없다. 지식을 향한 갈증은 어릴 적부터 두드러지게 나타나는데, 이 유형의 사람은 어릴 때 '책벌레'라는 소리를 자주 듣는다. 보통 대인관계에서는 놀림의 표현임에도 불구하고 전혀 개의치 않아 하며 오히려 깊고 넓은 지식을 가지고 있는 자신에게 남다른 자부심을 느낀다. 가십거리와 같이 별 볼 일 없는 주제에 대한 잡담거리보다는 자신 나름의 분야에서 용의주도하게 전략을 세우거나 이를 실행해 옮기는 일을 선호한다.

INTP 유형은 논리적인 사색가로, 조용하고 과묵하며 논리와 분석으로 문제를 해결하기 좋아한다. 먼저 대화를 시작하지 않는 편이나 관심이 있는 분야에 대해서는 말을 많이 한다. 이해가 빠르고 직관력으로 통찰하는 능력이 있으며 지적 호기심이 많고 분석적이고 논리적이다. 아이디어나 원리, 인과관계 등 추상적이거나 논리적인 분야에 흥미가 많아 특히 자연과학, 수학, 공학, 철학, 경제학 등 지적 호기심을 활용할 수 있는 연구 분야의 일에서 능력을 발휘한다. 비합리적인 규칙과 체계를 선천적으로 거부하는 경향이 있다. 사랑에 빠지면 헌신하는 모습을 보이는 반면, 인간관계에 큰 관심이 없고 혼자 행동하고 노는 것을 더 좋아하기 때문에 사회적 만남이나 활동을 즐기는 경우가 드물다.

INFJ 유형은 통찰력 있는 선지자로, 전 세계의 1%도 채 되지 않는 극소수의 유형이다. 인내심이 강하고 통찰력과 직관력이 매우 뛰어나며 화합을 추구한다. 창의력이 뛰어나며 강한 직관력으로 타인에게 말없이 영향력을 끼친다. 독창성과 내적 독립심이 강하고 확고한 신념과 열정으로 자신의 영감을 구현시켜 나가는 정신적 지도자들이 많다. 나무보다 숲을 본다. 한곳에 몰두하는 경향으로 목적 달성에 필요한 주변적인 조건들을 경시하기 쉽고, 자기 내부의 갈등이 많다. 친한 친구나 지인 앞에서 미래에 대한 각종 예측과 상상에 대한 말을 하기 좋아하는 특성이 있다.

INFP 유형은 사려 깊은 이상주의자로, 세계 인구의 4%가 이 유형에 속한다. 차분하고 창의적이며 낭만적인 성향을 보이지만 내적 신념이 강한 열정적인 중재자 유형이다. 인간 본연에 대한 애정으로 사람들의 장점을 발견하고, 이들의 가능성을 성취할 수 있도록 돕는다. 혼자 있기를 좋아하는 개인적인 성향도 있지만, 혼자 시간을 보내는 것으로부터 에너지를 얻는다. 목가적이고 부드러운 성향을 가지고 있으며 사려 깊고 상냥한 언어를 사용한다. 자신이 하는 일에 흥미와 진정한 의미를 찾고자 하며 창의성과 상상력을 발휘할 수 있는 음악, 예술, 문학 관련된 분야에 재능을 보인다. 갈등을 싫어하며 타인에 대한 뛰어난 이해력과 세심함으로 중재자의 역할을 잘 수행한다. 이상주의적인 성향으로 인해 현실적 판단을 요구하는 문제를 다루는 것을 종종 어려워하며 타인의 감정에 민감하다.

ESTJ 유형은 효율적인 관리자로, 현실적, 구체적, 사실적이며 어떠한 활동을 조직화하고 주도해 나가는 지도력이 있는 유형이다. 실질적이고 현실 감각이 뛰어나며 일을 조직하고 계획하여 추진시키는 능력이 뛰어나 행정, 의료, 법조, 군경 등 조직관리 분야에 뛰어난 재능을 지니고 있다. 타고난 지도자로서 프로젝트의 목표를 설정하고, 지시하고, 결정하고, 독려하여 기한 내에 철저히 이행하는 능력이 있다. 하지만 타인과 자신의 감정을 고려하는 능력이 부족하여 속단하는 경향과 업무 위주로 딱딱하게 사람을 대하는 경향이 있다. 자기 관리가 철저하고 엄격하여 주위 사람들에게 냉담해 보이지만 가족, 친구, 직장 부하 등에게 강한 책임감과 유대감을 가지고 끝까지 의리를 보여주는 속정이 깊은 스타일이다. 새로운 지식에 대한 관심이 많고 커다란 도전을 좋아하는 유형이기도 하다.

ESTP 유형은 에너지 넘치는 문제해결사로, 사실적이고 관대하며 개방적이고 사람이나 사물에 대한 선입견이 별로 없는 유형이다. 강한 현실 감각으로 타협책을 모색하고 문제를 해결하는 능력이 뛰어나며 센스가 있고 유머러스하다. 어디서든 잘 적응하고 친구와 어울리기를 좋아한다. 긴 설명을 싫어하고 운동, 음식 등 주로 오감으로 보고 듣고 만질 수 있는 삶의 모든 것을 즐기는 유형이다. 순발력이 뛰어나며 많은 사실을 쉽게 기억하고, 예술적인 멋과 판단력을 갖고 있으며, 연장을 다루는 데 능숙하다. 논리적이고 분석적으로 일을 처리하는 스타일로 추상적인 아이디어나 개념에 대해서는 별로 흥미가 없다.

ESFJ 유형은 봉사하는 기여자로, 동정심이 많고 다른 사람에게 관심을 쏟으며 인화를 중시하는 유형이다. 타고난 협력자로서 동료애가 많고 친절하며 능동적인 구성원이다. 이야기하기를 즐기며 정리 정돈을 잘하고 참을성이 많고 다른 사람들을 잘 도와준다. 사람을 다루고 행동을 요구하는 분야, 예를 들면 교직, 성직, 간호, 의료 분야에 적합하다. 일이나 사람과 관련한 문제에 대하여 냉정한 태도를 취하기 어려워하며 반대 의견에 부딪히는 경우나 자신의 요구가 거절당하는 경우 마음의 상처를 받기 쉽다.

ESFP 유형은 자유로운 사교가로, 사교적이고 활동적이며 수용력이 강하고 친절하며 낙천적인 유형이다. 어떤 상황이든 잘 적응하며 주위의 사람이나 일어나는 일에 대하여 관심이 많으며 사람이나 사물을 다루는 사실적인 상식이 풍부하다. 때로는 수다스럽고 진지함이 결여되는 경우가 있거나 마무리를 등한시하는 경향이 있으나, 어떤 조직체나 공동체에서 밝고 재미있는 분위기를 조성하는 역할을 한다. 공감 능력이 뛰어나고 다른 사람을 위하여 돈이나 시간을 베풀 줄 안다.

ENTJ 유형은 결단력 있는 전략가로, 열성적이며 자기 주장이 강하면서 단호하고 지도력과 통솔력이 있는 유형이다. 새로운 지식에 대한 욕구와 관심이 강하며 자신의 분야의 일 처리에 있어 논리적이고 분석적으로 계획하고 조직하여 체계적으로 추진해 나가는 유형이다. 논리적으로 계산하는 데 능숙하고 자기 관리 능력이 뛰어난 유능한 지도자형이다. 조직사회에서 유능한 직원, 팀장 등의 이미지를 많이 풍기며 당연히 사회적으로 가장 성공하는 성격 유형이기도 하다. 본인의 적성, 관심 분야, 해당 직무를 잘 찾는 경우 해당 분야에서 최고의 전문가가 될 가능성이 매우 크다. 주로 기업가, 정치가, 전문직, 창업자 직군에 많이 분포한다. 당찬 성격에 사람을 잘 다루며, 어려운 도전을 마다하지 않고 즐기는 스타일이다.

ENTP 유형은 진취적인 탐험가로, 위풍당당하고 논리적인 언행, 당차고 경쾌하며 소신 있는 태도, 최상위권의 지능을 활용한 아이디어 제시, 유머러스한 말, 능숙한 임기응변 등으로 인기가 많고 분위기를 주도하는 유형이다. 소탈한 성격과 문제의 본질을 논리적으로 판단하는 기질을 소유하고 있으며 어느 곳에서나 빠르게 적응한다. 본인이 구상하는 바를 이루고자 하는 성향이 강하며, 기존의 체제 자체를 뒤집어 버리거나 분야 전체의 도약을 이루어내는 인물들이 많다. 그러나 군대와 같이 위계질서가 엄격하고 경직된 사회에는 염증을 느끼고 접근을 아예 안 하거나 자체를 거부하는 '모 아니면 도'의 스타일이다. 평소 자신이 관심을 가지던 분야라고 하더라도 쉽게 질려 하는 경향이 있어 여러 분야를 다양하게 시도할 가능성이 크다.

ENFJ 유형은 언변이 능숙한 선도자로, 온화하고 적극적이며 책임감이 강하고 사교성이 풍부하고 동정심이 많은 유형이다. 상당히 이타적이고 민첩하고 인화를 중요시하며 참을성이 많다. 다른 사람들의 생각이나 의견에 진지한 관심을 가지고 있으며 공동선을 위하여 다른 사람의 의견에 대체로 동의한다. 미래의 가능성을 추구하며 편안하고 능란하게 계획을 제시하고 집단을 이끌어가는 능력이 있다. 때로는 다른 사람들의 좋은 점을 지나치게 이상화하는 경향이 있으며 다른 사람들이 자신과 같을 것이라고 생각하는 경향이 강하다. 모임을 좋아하고 대화를 적극적으로 이끌어 나가며 상대방에게 부드럽게 말을 잘하는 유형이다.

ENFP 유형은 재기발랄한 활동가로, 정열적이고 상상력이 풍부하며 온정적이고 창의적이며 항상 새로운 가능성을 찾고 시도하는 유형이다. 문제해결이 빠르고 관심이 있는 일을 수행해내는 능력이 뛰어나다. 통찰력과 창의력이 요구되지 않는 반복적이고 일상적인 일에는 별로 관심이 없으며 한 가지 일을 끝내기도 전에 몇 가지 다른 일을 벌이는 경향이 있다. 칭찬, 인정, 찬사 등을 적극적으로 표현하며 자신의 열정을 타인에게 전파하고 활력을 불어넣는다. 하지만 자신을 타인과 끊임없이 비교하고 쉽게 우울해지기도 한다.

개인의 성격 유형에 따라 커뮤니케이션 능력이나 방식도 달라질 수 있으며, 특히 MBTI 성격 유형에 따라 커뮤니케이션 능력에 유의미한 차이가 있다는 것이 학문적으로 입증되었다[3]. 따라서 MBTI 성격 유형을 알고 자신이나 상대방이 선호하는 스타일로 커뮤니케이션한다면 원활한 의사소통이 가능하다.

---

3) 황보식, 장혜숙, MBTI 성격 유형에 따른 커뮤니케이션 능력과 대인관계 만족도에 관한 연구, 한국융합보안학회, 융합보안 논문지 제16권 제3호, 2016년 5월, p.24, 참조.

8장

전화 예절

제 1 절 전화 예절의 중요성

회사생활이나 비즈니스 세계에서 방문이나 대면 협의로 업무를 처리하는 경우가 많지만, 급한 용무나 사무를 처리할 때는 여전히 전화를 많이 활용한다. 그런데 전화는 상대방의 얼굴을 직접 보지 못하고 대화하기 때문에 예절을 지키는 데 있어 자칫 소홀하기 쉽다. 전화를 거는 방법이나 태도에 따라 실례가 되기도 하고 지나치면 상대방의 기분을 상하게도 한다. 따라서 전화는 회사의 얼굴이라는 표현에서 알 수 있듯이 전화 응대 방법이나 예절에 따라 회사의 이미지가 크게 좌우된다. 전화를 거는 방법이나 받는 태도로 인하여 고객이나 상대방의 기분을 상하게 하는 것은 회사의 이미지에 나쁜 영향을 미칠뿐 아니라 직접적 비용이나 손실과도 직결되기 때문에 올바른 전화 예절을 숙지하여야 한다.

전화는 본질적으로 음성에만 의존하기 때문에 일반적인 커뮤니케이션과 달리 표정이나 제스처와 같은 시각적인 부분을 전달하기 어렵다. 따라서 음성에만 의존한 커뮤니케이션이기 때문에 어휘 선택이나 말의 뉘앙스에 더욱 주의하여야 한다. 또한 전화는 전화를 거는 사람과는 달리 전화를 받는 사람에게는 예기치 못한 상황으로 일방적인 커뮤니케이션이 일어날 수 있다. 따라서 상대방이 전화를 받을 수 있는 상황인지, 장소나 시간이 적절한지 등을 확인할 수 없다. 따라서 전화를 걸 때는 반드시 받는 사람의 입장이나 상황을 고려하여야 한다. 전화를 하면 시간적 비용과 경제적 비용이 발생한다. 특히 사내에서 사적인 통화를 오래 할 경우 본의아니게 외부 고객의 통화를 방해하거나 통화의 차질을 유발할 수 있다. 이는 외부 고객의 비용 증가를 의미하는 것이다. 전화는 보안성이 없다. 통화 시 자신의 주위에서 발생하는 소리가 상대방에게 그대로 전달된다. 이로 인하여 불필요하거나 부적절한 표현이 상대방에게 전달되어 회사의 이미지를 실추시킬 수 있다. 따라서 통화 시 주위 환경을 정숙히 하고 통화를 하다가 기다리게 할 경우에는 반드시 대기 버튼을 활용하여 음악이 흐르도록 한다. 이러한 전화의 본질을 충분히 인식하여 전화응대에 임하여야 하는데, 이러한 전화의 특성을 정리하면 다음과 같다. 첫 번째 전화는 예고없이 찾아오는 고객이므로 항상 응대에 주의를 기울여야 한다. 두 번째 전화는 최초로 고객과 접하게 되는 접점으로 기업의 입장에서는 이미지 구축의 초석이 된다. 세 번째 전화는 고객과 기업의 얼굴없는 만남으로 항상 예절을 갖추어야 한다. 네 번째 전화는 음성으로만 자신을 대변하는 것이기 때문에 상대방이 자신의 음성에서 친절한 마음과 태도를 느낄 수 있도록 하여야 한다.

전화를 통하여 짧은 시간에 용건을 요령있게 그리고 친절하게 이야기하는 습관을 들여야 하는데, 이는 결국 비즈니스 세계에서 전화 예절은 '신속하고, 정확하고, 친절하게'라는 말로 요약할 수 있다. 이를 **전화 응대의 3원칙**이라고 한다. 첫 번째 전화벨이 울리면 신속하게 전화를 받는다. 업무 중에 걸려온 전화도 업무의 일환으로 전화를 받지 않으면 전화를 건 상대방의 기분이 나빠진다. 전화벨이 울리면 바로 받되 전화벨이 3회 이상 울리기 전에 받도록 한다. 전화벨은 1회당 3초 정도가 소요되므로 전화벨이 3회 이상 울리면 즉, 상대방이 전화를 걸고 10초 후 상대방이 전화를 받지 않으면 기분이 나빠지게 된다. 참고로 **전화 응대 시의 3:3:3 기법**이 있는데, 이는 전화벨이 3번 울리기 전에 받는다, 용무는 3분 안에 마친다, 고객이 전화를 끊고 3초 후에 수화기를 내린다를 의미한다. 또한 전화 응대는 전화를 받는 모습이 보이지 않기 때문에 전화 응대가 조금만 늦어도 전화를 건 상대방이 답답해 할 수 있다. 두 번째 정확한 어조와 음성으로 통화자의 신원을 알리고 상대방를 파악하며 용건를 정확히 전달하고 정확히 전달받는다. 기본적으로 자세를 바르게 갖추고 발음과 단어의 어미 처리를 명확하게 한다. 에...., 음...., 저....., 와 같은 나쁜 입버릇은 삼가며, 품명, 수량, 일시, 장소 등은 천천히 말한다. 전문 용어나 외래어 전달 시는 상대방이 알아듣기 쉽게 설명한다. 누가, 언제, 어디서, 무엇을, 왜, 어떻게, 얼마나 등의 5W 2H(Who, When, Where, What, Why, How, How much) 원칙을 활용하여 메모를 하는 습관을 들이도록 한다. 특히 복잡한 용건이나 중요한 용건은 상대방의 말을 반드시 복창하며 메모하도록 한다. 불필요한 말의 반복을 피하고 인사말은 정확히 한 마디씩 한다. 잘 모르는 사항에 대해서는 자신이 마음대로 대답하거나 결정하지 말고 책임자나 담당자에게 확인하여 대답하거나 책임자나 담당자를 바꿔 주도록 한다. 통화 말미에는 상대방에게 통화 내용이 잘 전달되었는지 상대방이 통화 내용을 잘 이해하였는지 확인하는 작업을 하도록 한다. 세 번째 본인 소개, 전화 상담 및 응대는 최대한 정중하고 친절하게 하도록 한다. 상대방의 신원에 관계없이 정중히 전화를 하고 받으며 잘못 걸려온 전화라도 같은 어조와 음성으로 받는다. 상대방의 말을 막거나 가로채는 행위는 하지 않는다. 공감하는 언어를 많이 사용하고 속어, 낮춤말, 반말 등의 사용을 피한다. 상대방과의 언쟁은 절대로 피하여야 한다. 전화 시 친절한 마음과 태도를 가장 잘 표현하는 기본적인 방법은 미소를 머금은 표정을 짓는 것이다. 상대방의 얼굴이 보이지 않지만 자신 스스로가 미소짓는 표정을 하게 되면 통화 시 밝고 친절한 표정이 배어나오게 되고 상대방도 이를 인지하게 된다.

제 2 절 전화 걸 때의 에티켓

전화를 걸 때는 가장 먼저 준비 단계가 필요하다. 준비 단계에서는 상대방의 전화 번호, 소속, 직급, 성명 등을 미리 확인하고 통화할 내용, 필요한 자료, 메모 도구 등을 사전에 점검한다. 또한 상대방의 상황이나 생활 시간에 대한 고려가 필요하다. 상대방이 가장 바쁘리라고 생각되는 시간에는 전화를 삼가하는 것이 좋고, 특히 이른 아침이나 식사 시간, 한밤 중은 피하여야 한다. 이와 같이 상대방의 상황이나 생활 시간을 고려하여 전화하는 이유는 착오로 인해 상대방에게 폐를 끼치지 않기 위해서이며 시간 및 비용 낭비를 사전에 방지하기 위함이다. 용건은 5W 2H 원칙에 따라 정리하여 메모하며, 이 때 필요한 서류와 자료도 갖추어 놓도록 한다. 특히 용건 정리와 관련하여 상대방에게 전화를 걸기 전에 자신의 의견이나 입장을 매듭지어 놓는 것이 중요하다. 다음은 전화 걸기 단계이다. 전화 걸기 단계에서는 가장 먼저 자신을 밝힌다. 상대방이 전화를 받으면 자신의 소속과 이름을 먼저 밝히고 상대방을 확인한다. 상대방을 확인할 때 상대방의 상황도 확인한다. 즉 '지금 통화 가능하실까요?'라고 상대방에게 물어 보는 것이 무턱대고 용건을 말하는 것보다 상대방을 배려하는 태도이다. 상대방이 전화를 받아 먼저 상대방 자신을 밝히면 잘 듣고 메모하며 인사 후 자신을 소개한다. 만일 찾는 사람이 아닌 다른 사람이 전화를 받으면 찾는 사람을 말하고 정중하게 전화 연결을 요청한다. 자신이 찾는 상대방이 있는 경우는 간단한 인사말을 한 뒤 시간, 장소, 상황을 고려하여 용건을 말한다. 자신이 찾는 상대방이 없는 경우는 전화를 건 목적을 분명히 하여 자신이 다시 걸 것인지, 상대방의 회신을 원하는 지를 명확하게 전달하고, 자신의 성명, 회사, 소속, 전화번호를 확인해 준다. 다음은 통화 내용 확인 단계이다. 이 단계에서는 통화 내용을 다시 한 번 정리하여 통화 내용에 대하여 상대방과 확인하는 것이다. 보통 상대방과의 통화 내용을 확인하는 것을 상대방에게 부담감을 주고 번거롭게 생각하여 다소 기피하는 경향이 있으나 특히 협상과 같은 중요한 용건으로 전화를 할 때는 반드시 통화 내용을 상호 확인하는 작업이 필요한 데 중요한 요점을 정리해서 반드시 확인한다. 전화 걸기와 통화 내용 확인 단계에서는 발음에 유의하여 가능하면 말을 천천히 명확하게 하고 통화하여야 한다. 상대방의 발음이 뚜렷하지 않은 경우도 있고 전화기나 전화설비 상의 문제로 연결이 매끄럽지 못한 경우도 있기 때문이다. 마지막으로 끝 인사 및 종료 단계이다. 통화의 용건이 끝났으면 마무리 인사로 감사를 표시한다. 그리고 업무 전화는 일반적으로 전화를 건 쪽에서 먼저 끊는다. 전화를 받는 쪽이 먼저 끊으면 상대방이 용건을 다 말하기 전에 통화가 끝날 염려가 있기 때문이다. 하지만 상대방이 윗사람일 경우에는 상대방이 전화를 끊은 것을 확인한 후 수화기를 내려놓는 것이 예의이다.

제 3 절 전화 받을 때의 에티켓

전화를 받을 때는 왼손에 수화기를 들고 오른손으로 메모 준비를 한다. 전화 벨이 3번 울리기 전에 받으며 늦게 전화를 받았을 때는 사과의 인사를 한다. 전화를 받았을 때는 상대방이 묻기 전에 회사 이름, 부서, 본인의 이름을 밝힌 후 상대방을 확인하는데, 보통 본인을 소개할 때는 '감사합니다. ○○○부 ○○○입니다.' 또는 '안녕하십니까, ○○○부 ○○○입니다.'라고 한다. 상대방을 확인한 후 용건을 묻는다. 이 때는 메모를 하며 중요한 내용은 복창하여 상대방이 확인하도록 하며 의문 사항이 있을 때는 정중하게 질문하여 명확히 한다. 통화 내용 중 중요한 내용이 있으면 전화를 마무리하기 전에 한 번 더 정리하고 확인하다. 전화를 다른 사람에게 바꾸어 줄 때에는 '○○○씨, ○○에서 온 전화입니다.'라며 조용히 바꾸어 준다. 상대방이 장시간 기다려야 할 경우에는 '죄송하지만 시간이 좀 걸릴 것 같으니 끊지 말고 기다려주십시오.'라고 정중하게 말한 후 전화를 바꾸어 준다. 다른 사람에게 전화를 연결하는 경우는 상대방에게 전화 연결 이유도 설명하는 것이 좋으며, 전화 연결이 제대로 이루어지지 않았을 때를 대비하여 연결받을 사람의 부서, 이름, 전화번호를 안내함과 동시에 연결하도록 한다. 연결할 담당자를 확인한 후에는 송화기를 막거나 전화기의 'Hold' 버튼을 누른 상태에서 전화를 건 상대방의 이름과 요청 사항을 담당자에게 인계하도록 한다. 담당자에게 연결이 제대로 이루어지지 않은 경우에는 상대방에게 상황을 설명한 후 양해를 구하도록 한다. 전화를 연결한 후에는 연결이 제대로 이루어졌는지를 확인한다. 전화받을 사람이 부재 중인 경우에는 담당자가 부재 중인 이유와 통화 가능 시간을 상대방에게 알려 주고 상대방의 신원이 확실한 경우에는 담당자의 연락처를 알려 준다. 담당자가 부재 중이라도 용건을 확인한 후 자신이 처리가 가능한 용건이라면 친절하게 응대하여 처리한다. 상대방이 메모를 원하는지 여부를 확인한 후 메모를 원하는 경우 정확히 메모하여 담당자에게 전달하도록 한다. 메모를 전달 한 후에는 담당자에게 꼭 확인하도록 한다. 전화 연결 시의 에티켓을 따로 정리한 것이 [표 8-1] 이다. 용건을 마치면 간단히 상대방에게 인사를 하고, 상대방이 전화를 끊는 것을 확인하고 끊는다.

[표 8-1] 전화 연결 시의 에티켓

<table>
<tr><th colspan="2">상황</th><th>표현의 예</th></tr>
<tr><td rowspan="6">전화받을 사람이 자리에 있는 경우</td><td>전화를 바꿔줄 때</td><td>- 네 연결해 드리겠습니다.
- 혹시 끊어지면 000번으로 하시면 됩니다.
- 잠시만 기다려 주십시오.</td></tr>
<tr><td>기다리게 할 때</td><td>- 죄송합니다만, 통화 중인데 잠시만 기다려 주시겠습니까?
- 통화가 길어지고 있는데 죄송합니다만, 잠시 후에 다시 걸어 주시겠습니까?</td></tr>
<tr><td>기다리게 했을 대</td><td>- 기다려 주셔서 감사합니다. 곧 연결해 드리겠습니다.</td></tr>
<tr><td>시간이 조금 소요되리라고 예상할 때</td><td>- 괜찮으시다면 이 쪽에서 다시 전화를 드리면 어떻겠습니까?</td></tr>
<tr><td>용건을 잘 몰라 담당자를 바꿀 경우</td><td>- 죄송합니다만, 그 업무는 제가 잘 모르는 사항이라 담당자인 000씨를 바꿔 드리겠습니다. 잠시만 기다려 주십시오.</td></tr>
<tr><td>동명이인인 경우</td><td>- 이과장님은 두 분이 있습니다만,
어느 부서의 이과장님을 찾으십니까?</td></tr>
</table>

<table>
<tr><td rowspan="3">전화받을
사람이 자리에
없는 경우</td><td>자리를 비운 경우</td><td>- (출장, 휴가, 식사, 회의 등의 경우를 간단히 말하고 끝나는 시간, 귀사 예정 시간, 및 일자를 말한다.) 지금은 휴가 중입니다. 다음주 월요일 출근 예정입니다.</td></tr>
<tr><td>용건 해결이
가능한 경우</td><td>- (공적인 업무에 관계된 용건인 경우 자신이 처리할 수 있을 때에는 그 점을 알린다.) 그 일이라면 제가 내용을 알고 있으니 말씀드려도 괜찮으시겠습니까?</td></tr>
<tr><td>용건 해결이
불가능한 경우</td><td>- (전화받을 사람이 꼭 해결해야 할 경우 육하원칙에 의거 받아 적는다.) 네 알겠습니다. 00건으로 전화 주셨고 금일 오후 5시까지 연락바란다고 전해 드리겠습니다.
- (전화받는 자신의 이름을 재차 알려준다.) 저는 000입니다. 꼭 전해드리겠습니다.</td></tr>
</table>

또한, 특별한 경우가 발생할 시 전화 연결 응대 요령은 [표 8-2]와 같다.

[표 8-2] 특별한 경우의 전화 연결 응대 요령

상황	응대 요령 및 표현
전화가 도중에 끊길 때	- (전화 건 쪽에서 다시 해야 하지만 잠시 기다려도 오지 않을 때에는 전화를 받는 쪽이 다시 전화를 하고 다시 통화가 된 경우) 조금 전에는 실례했습니다. (사과 후 통화를 계속한다.)
처리하거나 조사하는데 시간이 걸릴 때	- (예정 처리 시간을 알리고 업무처리 후 먼저 전화를 할 것을 알린다.) 죄송합니다만, 20분정도 걸릴 것 같은데 제가 곧 전화 드리겠습니다.
전화가 잘못 걸려 왔을 때	- 몇 번 거셨습니까? - 전화를 잘못 거신 것 같습니다. (불쾌하게 말하지 말고 부드럽고 친절하게 일러 주고 조용히 끊는다.)

전화가 잘 들리지 않을 때	- (송화구를 막으면서 통화한다.). 죄송합니다만, 전화가 잘 들리지 않습니다. 다시 한번 말씀해 주시겠습니까? - 죄송합니다만, 다시 전화를 걸어 주시겠습니까?
통화 중 손님이 온 경우	- (양해를 구한 후 송화기를 막고 손님을 응대한다. 이 때 손님의 용건이 급하지 않으면 기다리도록 양해를 구하고 통화를 한다.)
손님이 있을 때 전화가 온 경우	- (정중하게 손님의 양해를 구하고 수화기를 든다.) 실례합니다. - (전화가 급한 내용이 아니면 전화를 건 사람에게 양해를 구한다.) 죄송합니다. 지금 손님이 계셔서 잠시 후 전화를 드리겠습니다.
상급자와 통화를 원할 경우	- (자기보다 상급자가 부재 시는 전화를 달라고 하면 결례이다. 이 때는 재차 본인이 전화를 걸도록 한다.) 잠시 후 다시 전화드리겠습니다.

9장

이메일 커뮤니케이션

제 1 절 이메일의 중요성 및 장단점

정보통신 기술의 발달로 컴퓨터뿐 아니라 휴대폰으로 시간과 장소에 구애받지 않고 언제 어디서든지 이메일을 주고받으며 비즈니스를 수행하는 현재의 업무 환경에서 이메일이 중요한 커뮤니케이션 수단으로 확고히 자리잡고 있다. 이메일을 통한 커뮤니케이션으로 보다 효율적이고 신속한 업무 처리가 가능하기 때문에 이메일에 통한 커뮤니케이션에 대한 올바른 이해가 필요하다.

이메일은 다음과 같은 장점이 있다. 첫 번째 이메일은 커뮤니케이션 주체 사이의 시간대 및 거리를 극복한다. 이메일은 어디에 있든 어느 시간대에 있든 상관없이 쉽게 주고 받을 수 있다.

이는 이메일 커뮤니케이션이 시간적 지리적 문화적 조직적 장벽을 감소시키는 것으로 특히 글로벌 비즈니스에서는 절대적으로 중요한 역할을 한다. 두 번째 이메일은 커뮤니케이션 주체의 직위나 신분이 주는 역할을 감소시킨다. 이메일로 커뮤니케이션을 하는 것은 하급자가 상급자 또는 최고경영층과 접촉할 기회를 제공한다. 특히 체계적인 위계질서를 중시하는 비즈니스 조직에서는 최고경영층이 하급자와 접촉하기가 어려운데, 이 경우 상하간 커뮤니케이션이 불필요하게 지체되거나 아예 커뮤니케이션 자체가 부재한 상황이 발생할 수 있다. 따라서 이메일은 하급자에게 상급자와의 접촉 기회를 제공하여 상하간 커뮤니케이션을 활발하게 한다. 세 번째 이메일은 성에 대한 편견을 제거한다. 여성의 사회 참여가 증가하고 여성의 사회적 경제적 지위가 향상되었다고 하더라도 여전히 회사나 조직에서 여성이 남성과의 대면 협상이나 업무 수행에서 어려움을 겪고 있다. 따라서 이메일로 커뮤니케이션을 하는 것은 이러한 여성에 대한 성적 편견을 중화시킴으로써 여성이 상대방인 남성과 동등한 위치에서 협상하고 업무를 수행할 수 있다. 특히 이메일을 통한 커뮤니케이션이 물리적인 이동의 필요성을 감소시킴으로써 여성이 회사 업무와 가정에서의 의무를 동시에 효과적으로 수행할 수 있도록 해 준다. 네 번째 이메일은 개인의 영향력이나 파워를 증대시킨다. 이메일은 얼굴을 마주하고 업무를 수행하는데 다소 어려움이 있는 경우 이를 극복할 수 있다. 특히 자신감이 부족하거나 상대방과 개인적인 대립이나 이해관계의 충돌이 있는 경우 상대방과 기본적으로 동등한 위치에서 커뮤니케이션함으로써 개인적인 영향력이나 힘을 얻을 수 있다. 다섯 번째 이메일은 동시다발적인 커뮤니케이션이 가능하게 하고 개인이 동시에 여러 개의 업무를 수행하게 한다. 이메일은 참조에 여러 명의 관계자를 넣어 동시에 전송함로써 정보를 쉽게 공유할 수 있고 업무 협조도 쉽게 얻어낼 수 있다. 또한 이메일 송신자는 이메일과 관련된 업무뿐 아니라 직접 관련되지 않은 여러 개의 업무를 수행할 수 있다. 이메일 송신자는 이메일을 보낸 후 상대방의 답신을 기다리지 않고 이메일 내용과 상관된 업무를 추가로 수행할 수 있고 이메일 내용과 무관한 다른 업무도 수행할 수 있다.

이러한 장점에도 불구하고 이메일은 다음과 같은 단점도 있다. 첫 번째 이메일은 커뮤니케이션상 갈등이나 오해를 일으킬 가능성이 있다. 이메일은 대면으로 진행하는 업무 처리가 아니기 때문에 이메일 내용의 문자나 문장 해석에 오해가 발생할 소지가 있다. 또한 내용 표현에 대한 해석의 차이로 커뮤니케이션 주체 상호간 갈등을 불러일으킬 가능성도 있다. 이는 이메일이 기본적으로 문자로 이루어진 커뮤니케이션 수단이라는 한계로, 문자에서는 상대방의 표정, 감정, 상태 등 정서적 감정적인 메시지를 획득할 수 없기 때문이다. 두 번째 이메일은 보내고 나면 돌이킬 수 없다. 최근에 이메일에 발송 취소 기능이 생겨서 활용되고 있지만, 취소 범위가 한정되어 있는 등 제약으로 본원의 기능을 제대로 발휘하지 못하고 있다. 따라서 이메일 특성상 발송 버튼을 누르는 순간 여과되지 않은 많은 내용이 그대로 이메일 수신자에게 전달된다. 이메일 내용의 오탈자, 틀린 숫자 등은 실제 비즈니스에 막대한 영향을 초래할 뿐 아니라 상대방의 기분을 상하게 하는 표현이 전달되는 경우 개인적인 관계에도 심각한 영향을 미칠 수 있다. 세 번째 이메일은 보안성이 없다. 이메일을 통한 정보 전달 및 내용 공유가 쉽기 때문에 중요한 내용이 관계자 이외의 사람들에게 유출될 가능성이 매우 크다. 따라서 기본적으로 이메일 송신자의 본래 의도와 상관없는 문제가 발생할 여지가 있으며, 특히 회사의 기술 관련 내용, 자금 관련 내용, 경영 관련 내용 등 아주 민감한 정보가 외부로 유출될 가능성도 크다. 네 번째 이메일 수신이 받은 이메일 내용을 수신자가 읽었다는 사실을 확인하는 신호가 아니라는 것이다. 즉, 이메일이 도달하더라도 수신자가 읽지 않은 상태로 두면 이메일 송신자의 의도가 전달되지 않거나 실현되지 않는다는 것이다. 최근 수신 확인 기능이 생겨나서 이메일 수신자가 이메일을 수신하였다는 사실을 확인시켜주지만, 이마저도 수많은 이메일을 받는 수신자의 상황에 따라 받은 이메일 내용을 완전하게 파악하고 확인하였다는 것을 의미하지는 않는다. 다섯 번째 이메일은 스팸 메일의 환경에 노출되어 있다. 즉, 자신의 의도와 전혀 관계없는 수많은 광고성 스팸 메일을 받는 것이 일상화되어 있는 현재 상황에서 송신자의 중요한 이메일을 수신자가 놓칠 가능성이 크고 이는 업무 수행에 지장을 초래할 수 있다. 또한, 수많은 스팸 메일 속에서 자신의 이메일을 수신자가 쉽게 인식할 수 있게 눈에 확 두드러진 이메일을 쓰는 것도 쉬운 일은 아니다.

제 2 절 이메일 작성법

기본적으로 이메일도 문서이므로 문서 작성 예절에 대하여 먼저 살펴보기로 한다. 회사에서의 업무는 대부분 문서에 의하여 이루어진다. 문서는 대내적으로는 업무계획서, 보고서, 공문서, 기안문서, 업무일지, 회의록 등과 같은 형태로 작성되고, 대외적으로는 공문서, 알림장, 초대장, 홍보용 인쇄물 등과 같은 형태로 작성된다. 이러한 문서를 작성할 때는 다음과 같은 자세로 임하여야 한다. 우선 문서 작성 시에는 오탈자에 주의하여야 하고 존댓말의 사용에도 유의하여야 한다. 또한 문서 수신자가 읽어서 잘 이해할 수 있는 문장으로 내용을 작성하여야 한다. 이를 위하여 간결하게 요약된 문장과 함께 시각적 효과를 잘 표현할 수 있는 글자 배열이나 글씨체까지도 주의를 기울여야 한다. 육하원칙이나 5W2H 원칙을 활용하여 간결하고 요약된 문장을 작성하여야 하고, 항상 결론을 우선하는 생각으로 문서를 작성하여야 한다. 문서작성 시의 기본 요령은 다음과 같다. 읽기 쉽고 격식에 맞는 글을 써야 하는데, 오탈자가 없도록 하고 맞춤법에 주의한다. 글자의 띄어쓰기가 제대로 되었는지 확인하고 용어의 개념이나 정의에 자신이 없는 경우는 국어사전 등을 찾아 확인한 후 문서를 작성한다. 숫자는 특별히 정확하게 쓰도록 합니다. 특히 비즈니스 문서에서 틀린 숫자를 사용하는 것은 실제 비즈니스에 막대한 영향을 초래할 수 있기 때문에 반복 확인이 반드시 필요하다. 평소에 읽기 쉬운 글자를 쓰는 연습을 한다. 글자를 효과적으로 배열하여 전체 문장이 잘 정돈되어 보이게 한다. 한 문장이 너무 길어지지 않도록 하고, 결론을 먼저 쓰도록 한다. 마지막으로 문서작성의 가장 기본적 자세라고 할 수 있는데, 문서는 항상 읽는 쪽의 입장에서 써야 한다는 것이다.

이메일의 작성법은 다음과 같다.

첫 번째 수신인 선정이다. 이메일 수신인은 수신인, 참조인, 비밀 참조인(숨은 참조인) 등 3가지 형태로 구분한다. 수신인은 송신자가 보낸 이메일을 읽어야 하는 사람으로 이메일에서 요청하는 일을 수행하여야 하는 사람이다. 참조인은 이메일에서 요청하는 일을 직접적으로 수행하지 않는 사람으로 실제는 이메일을 수신하지 않더라도 업무에 지장이 없는 사람이다. 하지만 실제로는 참조인을 선정하는 기준은 명확하지 않기 때문에 참조인 선정에 어려움을 느끼는 경우가 많다. 특히 참조인을 너무 많이 선정하여 이메일을 보내는 경우 참조인이 자신과 무관한 이메일 수신에 대하여 불쾌감이나 부담감을 느낄 수 있기 때문에 주의하여야 한다. 예를 들면 회의 참석 요청 이메일의 경우, 실제 회의 참석 대상이 직원이나 대리라고 한다면 이메일의 참조인은 그 직원이나 대리의 상급자가 될 것이다. 또한 자료 요청 이메일일 경우, 자료 요청을 받은 당사자가 과장이라면 이메일 참조인은 부장이나 팀장이 될 것이다. 비밀 참조인은 이메일 수신인으로 거의 선정하지 않으나 이메일 송신자와 개인적 친분이 있는 사람이 개별적으로 요청을 하는 경우 이메일을 공유하고자 주로 사용한다. 수신인을 선정하는 경우 특히 주의할 사항이 있다. 수신인이 직위나 직급 순서대로 나타나게 하여야 한다는 것이다. 즉, 사장-부사장-팀장-부장–차장–과장–대리–직원의 직급체계인 조직에서 사장, 부사장, 팀장, 부장, 차장, 과장, 대리, 직원이 모두 수신인이라면 수신인 지정 시에도 사장, 부사장, 팀장, 부장, 차장, 과장, 대리, 직원의 순서로 수신인이 표시되어야 한다. 대리를 사장 앞에 수신인으로 놓는 결례를 범하지 않도록 주의하여야 한다. 참조인 선정 시에도 직급체계 순서대로 표시되게 하여야 한다. 이는 국내 기업에만 국한된 것이 아니라 외국 기업의 수신인에게 이메일을 보내는 경우에도 적용된다. 비밀 참조인 선정 시 주의하여야 할 사항은 수신인이나 참조인으로 선정하는 실수를 범하지 말아야 한다는 것이다. 비밀 참조인은 개별적 요청으로 이메일을 공유하는 경우가 많기 때문에 수신인이나 참조인으로 선정하여 이메일을 보내면 다른 수신인이나 참조인이 의아하게 생각하거나 이들이 곤란한 상황에 처할 수도 있다. 따라서 비밀 수신인 선정에는 상당한 주의가 요구된다. 이상과 같이 수신인, 참조인, 비밀 참조인 선정을 살펴보았으나, 수신인 선정에서 가장 기본적인 사항은 이메일 내용과 관련된 사람 중에서 '가능한 적은 수신인'을 선정하여야 한다는 것이다.

두 번째 제목 쓰기이다. 이메일을 작성할 때 가장 주의를 기울여 써야 하는 것이 제목이다. 이메일 수신자가 관심을 가지고 이메일을 열어보게 할 수 있도록 이메일의 제목에 대한 고민을 충분히 하여야 한다. 앞에서 이미 설명한 바와 같이 이메일이 항상 스팸 메일의 환경에 노출되어 있기 때문에 더욱 이메일의 제목에 대하여 신경을 써야 한다. 이메일 수신자가 수많은 이메일 중에서 이메일을 선별하여 확인하는 기준은 크게 두 가지로 하나는 '누가 보낸 이메일인가?'와 또 하나는 '어떤 제목의 이메일인가?'이다. 제목의 길이는 3어절 또는 4어절 정도가 적당한데, 이는 읽기 편하고 기억하기 쉽기 때문이다. 적절한 제목의 예는 '포스트 제작 결과 보고', '제품 견적 요청', '신입사원 강의 요청', '디자인 회의 개최 공지' 등과 같다. 제목 쓰기에서 말머리를 사용하면 제목을 더욱 돋보이게 할 수 있다. 말머리는 제목 앞에 붙이는 표현으로 보통 [ ]를 사용하는데 [ ] 안에 표기하는 것이다. 예를 들면 앞의 예 중에서 '포스트 제작 결과 보고'라는 제목의 경우, 이 제목 앞에 이메일을 보내는(포스트 제작 결과를 보고하는) 회사명을 붙여준다면 더욱 적절한 제목이 될 수 있다. 즉 '[00사] 포스트 제작 결과 보고'라는 제목을 붙이는 것이다. 또한 '제품 견적 요청'이라는 제목의 경우 견적을 요청하는 회사명을 말머리에 사용하는 것이다. 즉 '[00사] 제품 견적 요청'이라는 제목이 되는 것이다. '신입사원 강의 요청'이라는 제목에 말머리를 사용하면 강의를 요청하는 회사명을 사용하여 '[00사] 신입사원 강의 요청'이라는 제목을 사용할 수 있다. 마지막 예인 '디자인 회의 개최 공지'의 경우, 중요한 회의임을 강조하기 위하여 말머리에 '중요'를 사용하여 '[중요] 디자인 회의 개최 공지'라는 제목을 쓸 수 있다. 말머리를 사용하여 이메일을 작성하면 수신자가 이메일의 핵심이 무엇인지 쉽게 파악할 수 있다. 제목 쓰기를 정리한 것이 다음 페이지의 [표 9-1]이다.

[표 9-1] 제목 쓰기의 예

제목의 예	제목 내용	특징
[김명사] 포스트 제작 결과 보고	김명사가 이메일 수신자에게 포스트 제작 결과를 보고하는 이메일	이메일 수신자는 이메일 송신자와 포스트 제작 결과 관련 이메일이라는 사실을 쉽게 파악할 수 있다.
[삼성전기] 제품 견적 요청	삼성전기가 이메일 수신자에게 제품 견적을 요청하는 이메일	이메일 수신자는 이메일 송신자와 자기 회사 제품 견적 요청과 관련된 이메일이라는 사실을 쉽게 파악할 수 있다.
[대명생명] 신입사원 강의 요청	대명생명이 자사 신입사원 강의를 이메일 수신자에게 요청하는 이메일	이메일 수신자는 이메일 송신자와 신입사원 강의 요청과 관련된 이메일이라는 사실을 쉽게 파악할 수 있다.
[중요] 디자인 회의 개최 공지	이메일 수신자에게 중요한 디자인 회의 개최를 알리는 이메일	이메일 수신자는 참석이 필요한 중요한 디자인 회의가 개최됨을 인식할 수 있다.

또한 이메일 수신자가 이메일 내용을 전부 확인하지 않더라도 이메일 내용을 한 눈에 파악할 수 있는 제목 쓰기, 즉 '말머리 + 제목 + 주요 내용 요약'의 형태로 제목을 쓰기도 한다. 예를 들면 '[대명생명] 신입사원 강의 요청(1/10 금 09:00~12:00)'과 같은 형태로 제목을 작성하는 것이다. 또한 '[중요] 디자인 회의 개최 공지(1/27 금 10:00~11:00 제1회의실)'과 같이 제목을 쓰는 것이다. 이러한 형태의 제목 쓰기는 이메일 수신자의 이메일 확인에 드는 시간이나 노력을 절약할 수 있는데 특히 하루에 수많은 이메일을 수신하는 최고경영층 등에 이메일을 보내는 경우 아주 유용하다.

세 번째 본문 작성이다. 본문은 크게 인사말, 자기소개, 목적,

본문 내용, 상대방이 취할 행동, 맺음말, 발신자명 및 서명, 첨부파일 등으로 구분한다. 인사말에는 상대방의 이름과 직위를 함께 언급하는 것이 좋다. 예를 들면 '안녕하십니까, 대명생명 이경영 대표님', '안녕하십니까, 경리부서 홍길동 과장님' 등과 같이 인사말을 한다. 또한 인사말을 쓸 때 날씨를 활용하거나 일상적인 안부를 묻는 것도 좋다. 예를 들어 '안녕하십니까, 대명생명 이경영 대표님. 날씨가 많이 추워졌습니다. 건강에 유의하시기 바랍니다.', '안녕하십니까, 대명생명 이경영 대표님. 주말은 잘 보내셨는지요?'와 같이 인사말을 쓰는 것이다. 자기소개의 경우 인사말 후에 간단하게 자기소개를 하는 것이 보통이지만, 특히 이메일을 처음 보내는 경우 회사, 부서, 직위, 이름 등을 언급하여 자기를 소개하는 것이 상대방으로부터 관심를 끌 수 있다. 예를 들면, '대명생명 영업부 홍길동 대리입니다.' '삼성전기 구매부 김나래 과장입니다.' 등으로 자기소개를 한다. 목적의 경우, 이메일은 이메일을 쓰는 목적이 반드시 있다. 이메일 작성자는 이메일 내용을 이미 알고 있기 때문에 바로 본론부터 쓰면 된다고 생각하지만, 이메일 수신자는 이메일에 대한 사전 지식이 부족하기 때문에 자신에게 메일을 보낸 이유가 궁금할 수 있다. 따라서 이메일의 목적을 쓰는 것이 필요하다. 예를 들어 '[대경생명] 신입사원 강의 요청'이라는 이메일의 경우, 이메일의 목적으로 '3월 신입사원 대상 강의를 기획하고 있습니다. 관련 강의를 요청드리고자 합니다.'와 같이 쓰는 것이다. 이메일의 목적을 미리 쓰게 되면 이메일 수신자가 이메일의 주요 내용을 어느 정도 이해하고 읽을 수 있다. 본문 내용은 이메일의 주목적인 핵심 메시지를 전달하는 것이다. 전하고자 하는 핵심 사항을 간단명료하게 전달함으로써 이메일이 길어지지 않도록 한다. 본문 내용은 한 번에 내용이 파악되도록 간결하게 작성하며, 문장은 한줄이 넘지 않게 짧게 끊어 쓰도록 한다. 제목 쓰기의 예 중에서 '[삼성전기] 제품 견적 요청'을 예를 들어 본문 내용을 작성하면 다음과 같다.

'귀사의 A제품에 대한 견적을 아래와 같이 요청합니다.

제1안 : 1만개 단가

제2안 : 5만개 단가

제3안 : 10만개이상 단가

이상의 제안에 대하여 2022년 6월31일(목)까지 견적을 부탁드립니다.

기타 문의 사항이 있으시면 031-999-9999로 전화 부탁드립니다.'

이상의 이메일의 본문 내용은 우선 제품 견적 요청이라는 목적이 분명하다. 또한, 단순히 견적 제출을 요청하는 것이 아니라 상대방에게 원하는 반응을 이끌어 내기 위하여 선제적으로 3개의 제안을 제시하고 있다. 아울러 상대방이 궁금한 사항이 있거나 다른 제안을 가진 경우를 대비하여 연락처를 함께 제시하고 있다. 견적 요청 이메일의 핵심적인 3개 요소인 견적가격, 견적 제출 기한, 연락처가 명확하게 상대방에게 전달된 이메일이다. 본문 내용에서 중요 핵심 사항을 전달하였다면, 그 다음 상대방이 취할 행동을 구체적으로 제시하는 것이 좋다. '[삼성전기] 제품 견적 요청'의 예에서는 본문 내용에 이미 상대방이 취할 행동, 즉 견적가격 제출 기한내 견적가격 제출, 연락처에의 문의나 접촉을 제시하고 있으나, 일반적으로 본문 내용에 상대방이 취할 행동을 언급하지 않은 경우는 따로 상대방이 취할 행동을 제시하는 것이다. 예를 들면 제목 쓰기의 예 중에서 '[중요] 디자인 회의 개최 공지'를 예를 들어 본문 내용과 상대방이 취할 행동을 작성하면 다음과 같다.

본문 내용 : 아래와 같이 디자인 회의 개최를 알려드립니다.
일시 : 2022년 1월 27일(금) 10:00~11:00
장소 : 제1회의실

상대방이 취할 행동 :
이메일 수신자는 전원 참석하시기 바랍니다.
부득이하게 참석이 어려운 경우 사전 연락을 바랍니다.
참석 시 포스트잇과 필기도구를 지참하시기 바랍니다.

이상의 이메일에서 상대방이 취할 행동을 3가지, 즉 수신자 전원 참석, 참석 불가 시 사전 연락, 포스트잇과 필기도구 지참을 명확히 제시함으로써 이메일 수신자가 '내가 뭘 하여야 하는지'를 확실히 인식하게 한다.

마지막으로 맺음말로 이메일 작성을 마무리한다. 맺음말에서는 비즈니스 업무를 위한 이메일을 보냈더라도 인간미나 정감을 느낄 수 있는 어구를 사용하여 마무리하면 좋다. 보통의 경우 맺음말에 '수고하세요'를 많이 사용하는데 가능하면 이 표현은 사용하지 않는 것이 좋다. '수고하다'라는 표현은 '일을 하느라 힘과 애를 쓴다'는 뜻으로 사무적이고 딱딱한 느낌을 주고 경우에 따라서는 듣는 사람의 기분을 언짢게 할 수 있어서 가급적이면 사용하지 않는 것이 좋다. 대신 '고맙습니다.', '감사합니다.' 등의 감사함과 예의를 전할 수 있는 문구를 사용하도록 한다. '고맙습니다.', '감사합니다.' 등의 감사 인사로 이메일을 맺는 게 상대방의 반응이나 행동을 유도하는데 효과적이라는 연구 결과도 있다. 감사의 메시지를 담은 이메일은 상대방이 앞으로 할 행동에 대하여 미리 감사를 표시하는 것이기 때문에, 미리 감사의 인사를 받은 상대방이 요청받은 행동을 수행할 동기를 유발할 수 있다는 것이다. 발신자명 및 서명은 이메일 작성 시 중요하지 않게 생각하여 놓치기 쉬운 부분이다. 발신자명은 이메일 수신자가 발신자가 누구인지 이메일을 읽지 않고도 확인이 가능하도록 실명을 사용하여 작성한다. 발신자명에는 회사와 부서명, 직위, 이름, 회사 전화번호, 개인 휴대폰 번호, 회사 주소 등을 기본적으로 명기하여 상대방이 언제든지 연락할 수 있도록 한다. 보통의 경우, 이메일 설정 기능에 '발신자명' 등록 기능이 있기 때문에 사전에 등록하여 이메일 발송 시 자동적으로 명기되어 발송되도록 설정한다. 서명은 발신자의 이름으로 대신하여 명기하는 경우가 보통이지만, 최근에는 서명을 디지털로 사전에 등록하여 이메일 발송 시 발신자의 서명을 넣어 발송하기도 한다. 첨부파일의 경우, 가장 기본적인 사항은 파일을 첨부하기 전에는 파일명 규칙을 정하는 것이다. 파일명에 구애되지 않고 단순하게 파일만 첨부하여 이메일을 발송할 수도 있으나, 추후 이메일 관리나 이메일 수신자의 편의를 위하여 파일명 규칙을 정하는 것이 좋다. 첨부파일명은 일반적으로 '파일 작성 날짜 – 작성자 – 제목' 순서로 작성한다. 예를 들면

‘20220630_홍길동_판매기획서.pdf’, ‘20220630_기획팀_신사업기획제안서.pptx’, ‘20220630_대명생명_연간계획표.docx’ 등이다. 이러한 규칙성있는 파일명으로 파일을 첨부하게 되면 이메일 송신자와 수신자간 정확한 의사소통이 가능할 뿐 아니라 업무 진행 내역을 정확하게 기록할 수 있다. 또한 일관성있게 파일명을 기록하여 폴더에 보관하면 파일을 찾기 간편하고 업무 내역을 한눈에 볼 수 있다는 장점이 있다. 첨부파일은 꼭 필요한 것만 간결하게 넣는 것이 좋다. 너무 많은 첨부파일은 수신자가 업무적인 부담감을 느끼고 나아가 피로감도 느낄 수 있다. 부득이하게 첨부파일을 많이 보내야 하는 경우 예를 들어 5개 이상 첨부파일이 들어갈 경우는 압축해서 보내는 것이 좋다. 중요한 내용을 첨부파일로 보내는 경우 첨부파일의 다운로드 기한을 정하여 보내기도 한다. 간혹 이메일에 첨부파일을 첨부하지 않고 보내는 경우가 있다. 따라서 이메일 발송 전에 다시 한번 첨부파일이 잘 첨부되어 있는지 확인하고 발송하도록 한다. 첨부파일이 없이 이메일을 발송하고 다시 첨부파일이 있는 이메일을 발송하는 것은 업무의 효율을 떨어뜨리고 수신자에게 업무 피로감을 줄 수 있으므로 특히 최고경영층에 이메일을 보내는 경우 반드시 주의하여 첨부파일 여부를 확인하고 이메일을 보내도록 한다. 첨부파일 누락의 실수를 줄이기 위해서 거꾸로 첨부파일을 먼저 넣고 이메일을 작성하는 것도 하나의 방법이다. 또한 이메일 수신자에게 ‘첨부파일을 확인하라’는 메시지를 이메일에 명기하여 보내는 것도 좋다.

제 3 절 효율적인 이메일 관리 방안

회사 업무에서 이메일 업무가 상당한 비중을 차지하고 매일 주고받는 이메일 수량도 엄청나게 많아지고 있다. 이메일을 기본적으로 다른 사람들과의 커뮤니케이션을 위해 사용하기 때문에 이메일의 수신과 확인, 답장 발신 등이 늦어지게 되면 업무 수행에 지장을 초래하게 되고, 수많은 이메일을 처리하지 않고 메일함에 쌓아두게 되면 중요한 이메일을 놓치고 처리하지 못하는 경우가 발생할 수 있다. 따라서 효율적인 업무 수행을 위하여 효율적인 이메일 관리가 꼭 필요하다.

효율적인 이메일 관리 방안은 다음과 같다. 첫 번째 가능하면 이메일을 확인하는 대로 정리한다. 수많은 이메일을 매번 하나씩 정리하고 지우는 것은 효율적이지 못하다고 생각할 수 있으나 수많은 이메일을 그대로 방치했다가 중요한 이메일을 제때 처리하지 못할 수 있기 때문에 이메일을 수신하면 바로 정리하는 것이 좋다. 두 번째 용도별로 이메일을 정리한다. 이메일을 수신하고 수신한 대로 수신함(받은 편지함)에 두는 경우가 많다. 하지만 수신함에 많은 양의 이메일을 그대로 두게 되면 수신한 이메일이 업무용인지, 과제용인지, 개인적 용도인지 등을 확인하기 어렵다. 이메일을 받은 후 보관해야 할 이메일은 용도별로 폴더를 만든 뒤 넣어두는 것이 편리하다. 이메일을 용도별로 보관하기 이전에 이메일의 제목 역시 발신자가 보낸 그대로 쓰지 않고 본인이 인식하기 쉬운 문구로 수정하여 보관하는 것이 좋다. 세 번째 스팸 메일은 차단하고 필요 없는 이메일은 주기적으로 삭제한다. 스팸 메일은 수신 시 바로 차단 처리를 하여야 한다. 스팸 메일을 그대로 방치하면 어느 순간 감당할 수 없을 정도의 스팸 메일로 메일함이 가득 차는 경우가 있다. 또한 스팸 메일은 바이러스를 전파할 가능성이 매우 크기 때문에 컴퓨터의 보안 및 안전의 차원에서도 바로 차단 처리하여야 한다. 업무와 관련이 없고 불필요한 이메일을 바로 삭제하거나 일정한 주기로 전체적으로 정리하는 습관을 가지는 게 좋다. 네 번째 보지 않는 이메일은 대량으로 삭제한다. 수신 후 상당한 시간이 경과한 이메일은 컨트롤 키를 이용해 한꺼번에 지우도록 한다. 적어도 6개월 동안 읽지 않았던 이메일이라면 그 이메일은 지우도록 한다. 추후 이메일을 다시 확인할 것으로 가정하여 보관하더라도 실제 그 이메일을 확인할 가능성은 매우 낮다. 만약 이메일을 장기 기록으로 보관하여야 할 필요성이 있다면 6개월 이상의 이메일을 전부 한 번에 별도의 폴더를 만들어 보관하는 것이 좋다. 다섯 번째 주기적으로 이메일을 확인하는 시간을 정한다. 일상 업무에서 이메일로 업무를 처리하는 경우가 많기 때문에 이메일을 수시로 확인하는 경우가 많다. 하지만 회사 업무에는 이메일 업무 이외에도 다른 업무가 많기 때문에 가능하면 이메일을 확인하는 시간을 줄이는 것이 바람직하다. 다시 말해서 전반적인 업무의 효율성을 위하여 이메일 확인 시간을 줄이는 것이 좋으며 이를 위하여 이메일 확인 시간을 스스로 정하는 것이다. 이메일은 커뮤니케이션 도구이기 때문에 자신이 이메일을 관리하여야지 이메일이 자신을 관리하여서는 안된다. 이메일 알람을 맞추지 않는다면 1~2시간 혹은 자신의 일정에 맞춰 이메일을 확인하는 시간을 정해두는 것이 좋다. 보통 이메일은 하루 업무를 시작할 때 주기적으로 확인하는 경우가 대부분이다. 여섯 번째 이메일을 확인하고 답변하기 어려운 상황일 경우 '부재중 메일 자동 회신' 기능을 설정하도록 한다. '부재중 메일 자동 회신' 기능은 일부 메일 서비스에서 설정 가능한 기능 중 하나로, 휴가나 출장 등으로 업무상 이메일 확인이 어려운 경우에 유용하게 활용할 수 있다. 휴가나 출장 시 보통 관련 담당자들에게 휴가나 출장 사실을 알리거나 일부 업무에 대해서 양해를 구하는 방법도 있지만 사실상 모든 업무 관계자들에게 양해나 도움을 구하기는 어렵다. 이런 경우 '부재중 메일 자동 회신' 기능을 활성화하여 수신 이메일에 대해 자동적으로 부재중 회신 이메일이 전송될 수 있도록 설정을 한다면, 이메일 송신자에게 본인의 상황을 쉽게 전달할 수 있다. 마지막으로 이메일 관리에 스마트폰을 활용한다. 최근에는 스마트폰으로 회사 사이트에 직접 접속하여 이메일을 관리할 수 있을 뿐 아니라 다양한 애플리케이션을 통해 이메일을 관리하는 방법도 등장하여 더욱 효과적으로 이메일 관리에 스마트폰을 활용할 수 있다. 스마트폰으로 즉각적으로 이메일을 확인하고 답변할 수 있고 바로 정리할 수 있기 때문에 효율적인 이메일 관리가 가능하다. 다만 스마트폰을 활용한 이메일 관리는 직원들에게 회사 업무 시간외 업무를 강요한다는 이미지로 인하여 많은 회사가 권장하지는 않는다.

10장

식사 예절

제 1 절 식사 예절의 중요성

식사 예절이란 식사를 품위 있고 맛있게 할 수 있게 지켜야 하는 기본적인 예의 범절을 말하는 것으로 각 국가의 문화마다 조금씩 차이는 있지만, 기본적으로 식사하는 사람들을 위한 배려와 존중의 마음에서 나오는 행동 양식이다. 이러한 식사 예절은 식사를 준비하는 사람의 입장에서 지켜야 할 예절뿐만 아니라 식사를 하는 사람의 입장에서 갖추어야 할 예절도 포함한다. 즉 식사 예절은 식사를 준비하는 단계, 식사를 시작하여 끝내는 단계, 식사가 끝난 후의 단계 등 식사의 전과정에서 식사에 관여하고 참석하는 모든 사람들이 지켜야 할 예절이다. 최근에는 국내에서 비즈니스를 위하여 외국인과 같이 식사하는 경우가 자주 있고, 더구나 해외 출장 또는 해외 여행을 갈 기회가 많이 있기 때문에 누구나 기본적인 식사 예절의 필요성에 공감하고 있다. 특히 비즈니스 세계에서는 실제 비즈니스의 절반이 식탁에서 이루어진다고 할 수 있을 정도로 비즈니스 상대방과 함께 식사하는 시간이 비즈니스에 결정적인 영향을 미치는 경우가 많다. 또한 식사 예절은 상대방의 성품, 교육 수준, 문화적 수준을 가늠하는 기준이 되며, 기억에 남는 식사는 식사를 함께 한 사람의 마음을 열도록 하므로 식사 예절을 익히고 실천한다면 비즈니스 성공에 밑바탕이 될 수 있다.

식사 예절을 식사 전 매너, 식사 중 매너, 식사 후 매너의 3단계로 구분하여 설명하고 최근 식사 중에 와인을 함께 마시는 경우가 많으므로 와인 매너에 대해서도 알아보기로 한다.

제 2 절 식사 전 매너

식사 전 매너는 크게 식당 예약하기, 식당 도착 시 에티켓, 착석 시 에티켓으로 구분하여 설명한다.

먼저 식당 예약하기이다. 평상 시 회사 주변에서 식사를 하는 경우에는 예약없이 식당을 찾는 것이 일반적이지만, 접대나 사교 목적의 비즈니스를 위한 식사라면 반드시 예약을 하여야 한다. 예약하는 식당도 전에 이용한 적이 있는 식당을 이용하고, 비즈니스 상대방과 식사하는 경우에는 유명한 식당은 그 자체가 대화의 화제가 될 수 있으므로 유명한 식당을 예약하는 것이 좋다. 식사 예정일에 임박하여 예약하려고 하면 좌석을 확보하지 못할 가능성이 크기 때문에 최소한 일주일 전에는 예약하고 1~2일 전에 반드시 예약 확인을 하도록 한다. 예약 시에는 예약일, 예약시간, 식사 참석 인원, 식사 모임의 종류나 성격, 음식이외 필요 물품 등을 알리고 가능하면 식사 참석자 개인의 음식 취향도 파악하여 식당측에 전달하도록 한다. 특히 외국인의 경우 채식주의자(비건)가 의외로 많으므로 주의하여 식사를 준비하도록 요청한다. 식당에 따라서는 복장에 대한 규정이 있는 경우가 있다. 일부 고급 식당은 넥타이를 맨 정장으로 가야만 하는 경우도 있고 어떤 식당은 정장 및 넥타이 차림은 아니더라도 청바지와 스니커즈 같은 캐주얼 복장은 안 되는 경우도 있기 때문에 식사를 준비하는 호스트는 손님을 초대할 때 식당의 드레스 코드에 대해 예고를 하는 것이 일반적인 예의이다. 아주 중요한 의사결정을 기대하는 식사 또는 VIP와 식사를 하는 경우, 사전에 식당을 방문하여 점검하는 것이 바람직하다. 사전 점검 시에는 식사 시간대의 식당까지의 차량 정체 여부, 발레 파킹이나 주차 가능 여부, 참석 인원 수용 가능 여부, 특정 좌석 필요 여부, 종업원의 서비스 및 친절도 등을 고려하여 사전 답사를 하도록 한다.

두 번째 식당 도착 시 에티켓은 다음과 같다. 식당에 도착하면 종업원의 안내를 받아 예약한 좌석을 확인한다. 안내받은 좌석이 마음에 들지 않으면 종업원에게 희망하는 좌석을 요구하여 바꾸도록 한다. 이는 모임의 성격에 따라 좌석의 선정을 달리하여야 한다는 것을 의미하는 것으로 특히 비즈니스 식사 자리라면 다른 손님과 분리된 공간에서 식사가 이루어지도록 하는 것이 좋다. 남녀가 함께 식사를 하는 경우, 종업원이 안내하는 경우에는 여성이 먼저 들어가고 남성이 뒤따라 들어간다. 종업원의 안내가 없는 경우에는 남성이 먼저 들어가 안내하며 여성이 뒤따라 들어간다. 참석한 여성이 코트나 목도리를 하고 왔다면 남성이 여성의 코트나 목도리를 받아 옷걸이 등에 걸어주는 것이 매너이다. 또한 가방 등 짐을 가지고 오는 사람들이 있으므로 식당의 입구나 좌석 부근에 물품을 보관할 수 있는 공간을 확보하도록 한다. 특히 좌석의 통로에 가방 등 짐을 두게 되면 종업원이나 식사 참석자에게 방해가 되기 때문에 반드시 별도의 짐 보관 공간을 확보하거나 종업원에게 짐 보관을 요청하도록 한다.

세 번째 착석 시 에티켓은 다음과 같다. 먼저 식당의 좌석 배치에도 우선순위가 정해져 있다. 기본적으로 좌석 배치는 국내외를 막론하고 참석인사의 신분와 지위에 따라 정해진다. 따라서 직위가 높은 사람이 직위가 낮은 사람보다 상석에 앉는다. 연령이 높은 사람부터 낮은 사람 순서로 상석에 앉으며, 여성이 남성보다 먼저 상석에 앉고, 기혼자가 미혼자보다 먼저 상석에 앉는다. 좌석의 상석의 위치는 식당의 구조나 좌석 배치 상황에 따라 달라질 수 있으나, 일반적으로 입구에서 가장 먼 자리, 벽을 등진 자리, 창가 쪽이나 좋은 경치를 볼 수 있는 자리가 상석이다. 이 기준에 따라 상석이 정해지면 정해진 최상석에 가까운 자리일수록 순차적으로 상석이 되고 멀리 떨어진 자리가 말석이 된다. 착석 시 주의 사항도 많다. 식탁과 약간의 간격을 두고 의자 깊숙이 앉으며 양 다리를 과하게 벌리지 않도록 한다. 다리를 편하게 뻗는 것은 좋으나 참석 인사의 다리에 닿지 않도록 하고 다리를 꼬고 앉지 않는다. 식탁 위에 팔꿈치를 올려 놓지 않으며 식탁 위에서 과한 손동작은 하지 않는다. 식탁에서 신문이나 잡지 등을 보는 것은 실례이며, 특히 식사 참석 인원이 앉아 있는 상태에서 스마트폰은 보지 않는다. 냅킨은 반만 펴서 무릎 위에 놓고 사용하는데, 냅킨은 음식물이 떨어져 옷에 묻는 것을 방지하고 입술과 손을 닦는데 사용한다. 좌석에서 음식을 주문할 때도 주의할 사항이 많다. 먼저 종업원을 부를 때는 절대 큰 소리로 호명하지 않고 시선을 맞춘 후 손을 가볍게 든다. 착석하자마자 주문하지 말고 메뉴를 훑어 보고 주문하되 메뉴가 읽기 어렵거나 메뉴 내용에 대한 설명이 필요한 경우 종업원에게 물어 본다. 옆 좌석의 음식을 손가락으로 가리키는 행동은 실례이며, 종업원에게 물어 보고 같은 음식을 주문한다. 사전에 주문할 음식이 정해진 경우가 아니라면 음식 주문은 일행이 함께 하고 초대받은 사람이 주문하는 경우에는 초대한 사람이 주문한 음식과 같거나 비슷한 가격대의 음식을 주문한다. 음식을 주문할 때도 연령순으로 하며 여성이 먼저하고 남성이 뒤에 한다. 양식의 경우, 주요리를 먼저 골라서 주문하고 그에 맞는 애피타이저(전채 요리)를 선택하여 주문한다. 커피 등 디저트는 주요리나 애피타이저(전채 요리)를 주문할 때 주문하여도 되고 주요리의 식사가 끝난 후 주문해도 된다.

제3절 식사 중 매너

식사 중 매너는 일반적인 식사 중 매너와 양식 매너로 나누어 설명한다.

식사 중 매너는 다음과 같다. 식사 시작은 참석한 사람들과 같이 한다. 일반적인 경우는 식사의 호스트가 식사의 시작을 알리고 함께 식사를 시작한다. 한꺼번에 많은 음식을 입에 넣어 먹지 않도록 하며 음식물은 소리내어 먹지 않고 입속에 음식물이 있을 때는 되도록 말을 하지 않는다. 젓가락, 포크, 나이프 등의 식사 도구는 올바르게 사용하고 숫가락과 젓가락을 동시에 사용하지 않으며, 젓가락이나 포크로 음식을 휘젓지 않는다. 식탁에 음식물을 흘렸을 경우 냅킨으로 직접 닦지 않고 종업원을 불러 닦아 줄 것을 요청한다. 식탁 아래로 수저, 젓가락, 포크, 나이프 등 식사 도구가 떨어졌을 경우에도 직접 줍지 않고 종업원에 새 것을 가져다 줄 것을 요청한다. 식사 중에는 가급적 통화를 하지 않고 꼭 필요한 통화인 경우에는 참석자들에게 양해를 구한다. 식사 중에 신문, 휴대폰 등을 보지 않도록 한다. 절대로 트림을 하지 않는다. 특히 서양인과 식사할 때 트림을 하는 것은 최악의 식사 매너이다. 자신의 식사가 끝났다고 먼저 자리를 뜨지 않도록 한다. 식사가 먼저 끝난 경우 숟가락, 젓가락, 포크 등 식사 도구를 식탁 위에 내려놓고 다른 참석자들의 식사가 끝나기를 기다리도록 한다. 이쑤시개를 사용하여야 할 경우, 냅킨으로 입을 가리고 입이 아래쪽으로 향하도록 한 후 사용한다. 소금이나 후추

등이 멀리 있는 경우 팔을 뻗어 가져오거나 일어나서 가져오지 말고, 옆좌석의 사람에게 부탁하여 전달받도록 한다. 식사 도중에 자리를 비우는 것은 실례이다. 불가피하게 자리를 비워야 하는 경우 잠깐 실례하겠다는 말을 하거나 가볍게 목례만 하고 냅킨을 의자 위에 올려놓는다. 식사 중에는 옆좌석의 사람과 가볍게 대화를 나누면서 식사를 하도록 한다. 묵묵히 식사만 하는 것은 실례이다. 음식에 돌이나 머리카락 등 이물질이 들어 있는 경우 종업원을 불러 잘못을 지적하고 음식 교체를 요구한다. 이미 입 안에 이물질이 들어간 상태라면 조용히 뱉어서 처리한다. 음식의 이물질에 대하여 종업원에게 큰 소리로 항의하거나 나무라는 행동은 하지 않는다. 이런 행동은 식사 참석자 전부에게 나쁜 영향을 주고 식당 관계자들을 당황하게 하여 즐겁고 편안한 식사 진행이 어려워진다. 너무 뜨거운 음식을 먹었을 경우 즉시 물이나 차가운 음료를 마신다. 물이나 차가운 음료가 없는 경우 냅킨에 뱉고 보이지 않게 싼 후 그릇 한쪽에 모아둔다. 생선 가시나 뼈 등이 목에 걸렸을 경우에는 물을 마시거나 냅킨으로 가리고 기침을 하여 빼낸다. 여의치 못하면 양해를 구한 후 자리를 물러나 처리하도록 한다. 식사 중 기침이나 재채기가 나오는 경우 손수건으로 입과 코를 가린다. 손수건이 없으면 냅킨이나 손을 사용한다. 계속 기침이나 재채기가 나오면 양해를 구하고 자리를 물러나 대처한다. 코를 풀 때는 자리를 물러나서 하도록 한다. 코를 풀 때나 땀을 닦을 때는 손수건이나 휴지를 사용하고 절대 냅킨을 사용하지 않도록 한다. 음식이나 음료를 사양할 때는 종업원에게 먹거나 마시고 싶지 않다는 의사 표시와 함께 인사말도

덧붙인다. 음식을 남기는 것은 좋은 매너가 아니다. 음식을 남기는 것은 음식의 맛이 없다는 표현으로 인식될 수 있으므로 먹지 못할 음식은 아예 주문하지 않거나 미리 거절하도록 한다. 식사를 끝내지 못하고 식사 도중에 먼저 가야할 경우 참석자들에게 양해를 구하는 것은 물론이고 종업원에게도 반드시 알려서 자신에게 더이상 음식을 가져오지 않도록 한다.

외국인과 식사를 하는 경우만이 아니라 내국인과 식사를 하는 경우에도 양식을 먹는 경우가 많아졌다. 특히 격식을 중시하는 비즈니스를 위한 식사인 경우 양식으로 식사를 하는 경우가 대부분이다. 따라서 원활한 비즈니스를 위하여 한식 매너에 비하여 다소 복잡하게 여겨질 수 있는 양식 매너에 익숙해지는 것이 중요하며 양식 매너에서 가장 먼저 익숙해져야 하는 것이 양식 도구 사용법이다. [그림 10-1]은 양식 풀코스 테이블 셋팅을 나타낸 것이다.

먼저 양식 풀코스 테이블 셋팅은 다음과 같다. 접시를 중심으로 나이프는 오른쪽에 포크는 왼쪽에 놓는데 양식 식사 순서에 맞추어 넣는다. 즉 애피타이저 – 수프 – 주요리(생선 또는 스테이크) – 디저트 순으로 나이프와 포크를 놓는다. 빵 접시와 버트 나이프도 별로로 식탁의 왼쪽에 놓고, 잔도 용도에 따라 물 잔, 와인 잔(레드 와인 잔 또는 화이트 와인 잔), 샴페인 잔을 왼쪽에서 오른쪽으로 놓는다. 와인 잔의 경우 보통 레드 와인 잔이 화이트 와인 잔보다 크다.

양식 도구 사용법은 다음과 같다. 먼저 나이프는 오른손으로 포크는 왼손으로 잡고 [그림 10-1]의 화살표 방향과 같이 바깥쪽

[그림 10-1] 양식 풀코스 테이블 셋팅

1과 1'	애피타이저 나이프와 포크	5과 5'	디저트 나이프와 포크	9	물 잔
2	수프 스푼	6	냅킨	10	레드 와인 잔
3과 3'	생선 요리 나이프와 포크	7	빵 접시	11	화이트 와인 잔
4과 4'	스테이크 나이프와 포크	8	버터 나이프	12	샴페인 잔

에서 안쪽 순으로 사용한다. 손에 들고 있는 나이프와 포크를 바로 세워서 잡지 않도록 하며 나이프로 음식을 먹지 않는다. 나이프나 포크를 바닥에 떨어뜨렸을 경우 직접 줍지 않고 웨이터에게 새 것을 부탁한다. 빵은 손으로 집어 조금씩 뜯어 버터 나이프로 버터를 발라 먹는다. 나이프와 포크를 손에 쥐고 말하지 않도록 하며, 식사 중에 대화를 하는 경우 또는 잠시 자리를 비우는 경우 나이프와 포크를 접시 위에 한자의 팔(八)자 모양으로 내려놓는다. 이 때 나이프의 날이 안쪽으로 향하게 놓고 포크는 뒤집어서 놓는다. 식사가 끝난 후 나이프와 포크를 내려놓는 경우에는 나이프와 포크의 손잡이가 4시 방향으로 향하도록 접시 오른쪽으로

가지런히 모아 놓는다. 이는 식탁을 주시하고 있는 웨이터에게 식사 중인지 아니면 식사 후인지를 알려 주는 신호이다. [그림 10-2]는 이를 나타낸 것이다.

[그림 10-2] '식사 중'과 '식사 후' 표시

냅킨은 주문 후 식전주가 나오고 나서 또는 연회에서는 건배 후 펴서 허벅지 위에 올려 놓는다. 냅킨은 반으로 접은 상태에서 접힌 쪽이 자신의 몸쪽으로 향하게 둔다. 앞에서 설명한 바와 같이 냅킨의 용도는 다양하지만 기본적으로 식사 중 손과 입을 깨끗하게 하기 위하여 사용한다. 식사가 끝나고 식당을 떠날 때까지 냅킨은 그대로 허벅지 위에 놓아 둔다. 식탁을 잠시 떠날 경우 의자 위에 올려 놓았다가 돌아온 후 다시 허벅지 위에 놓고 사용한다.

양식의 식사 순서는 다음과 같다. 첫 번째 애피타이저는 식전에 식욕을 돋우는 간단한 요리를 말한다. 애피타이저는 양이 적고, 주요리와 어울리는 음식으로 제공된다. 애피타이저는 가능하면 단맛을 피하고 식욕을 돋우는 음식이므로 많이 먹지 않도록 한다. 애피타이저로는 생굴, 캐비아(caviar, 철갑상어 알), 새우 칵테일 등이 있다. 수프는 스푼으로 저어서 식혀가면서 먹는다. 수프를 먹는 방법으로 안쪽에서 바깥쪽으로 떠서 먹는 미국식과 바깥쪽에서 안쪽으로 떠서 먹는 유럽식이 있다. 빵을 먹을 때는 나이프나 포크를 사용하지 않고 손으로 한 입 크기로 뜯어서 버터를 발라 먹는다. 빵의 잘린 면이 상대방에게 보이지 않도록 자기 앞으로 향하게 둔다. 빵은 식탁의 왼쪽에 놓인 것만 먹는다. 오른쪽에 놓인 빵은 옆 자리에 앉은 사람 것이다. 샐러드는 드레싱을 곁들여 포크로 먹는다. 주요리는 생선 요리와 스테이크가 있다. 생선 요리의 경우 요리가 나오면 가시 유무를 확인하고, 뒤집지 않고 나이프로 가시를 발라내고 포크로 먹는다. 보통은 가시를 제거한 살만 제공되므로 나이프와 포크를 사용하여 먹는다. 스테이크는 포크에 가까운 왼쪽부터 나이프를 사용하여 한 입 크기로 잘라 먹는다. 스테이크는 한꺼번에 잘라 먹지 않도록 한다. 전부 잘라놓고 먹으면 육즙이 전부 흘러나와 맛이 떨어지고 금방 식어버린다. 스테이크는 굽는 정도에 따라 맛이 달라지므로 각자의 취향에 따라 굽기 정도를 주문하도록 한다. 스테이크의 굽기 정도는 표면만 구워 표면이 짙은 붉은 색을 띠고 자르면 빨간 육즙이 흘러 나오는 레어(rare), 표면은 선명한 붉은 색을 띠고 자르면 육즙이 보일 정도만 구운 미디엄 레어(medium rare), 표면은 옅은 붉은 색을 띠고 절반 정도만 익힌 미디엄(medium), 표면은 핑크색을 띠고 단단하고 탄력이 느껴지는 미디엄 웰던(medium well-done), 표면은 옅은 회색을 띠고 속까지 완전히 익힌 웰던(well-done) 등이 있다. 디저트는 주요리 식사 후 먹는 음식으로 요리의 최종 코스이다. 보통 과일, 아이스크림, 과자류(치즈, 케이크 등) 등이 디저트로 나온다. 커피 또는 차의 경우 식후에는 보통 진한 커피가 제공되는데, 진한 커피는 입안을 개운하게 한다. 커피나 차를 마실 경우 손가락을 잔의 손잡이에 끼우지 않고 잔을 가볍게 잡고 마신다. 티백 차를 마시는 경우 티백은 잔의 뒤쪽에 가로로 놓는다.

제 4 절 식사 후 매너

식사를 마친 후에도 지켜야 하는 매너가 있다. 자신의 식사가 먼저 끝나더라도 자리에서 일어나지 않고 다른 사람들이 식사하는 것을 기다린다. 상대방이 한참 식사 중일 때 나이프와 포크를 내려 놓으면 다른 사람들이 부담을 느낄 수 있기 때문이다. 앞에서도 언급하였지만 냅킨은 식사를 마치고 모두 일어설 때까지 무릎에 올려 놓고 식탁 위에 올려 놓지 않도록 한다. 식사를 마치고 모두 일어날 때 냅킨을 접어서 식탁 위에 올려 놓는다. 식사가 끝났을 때는 [그림 10-2]에서 이미 설명한 대로 접시 오른쪽에 나이프와 포크를 나란히 올려 놓는다. 식사를 마친 후 자신이 식사 비용을 계산하는 경우 웨이터에게 계산하고 싶다는 의사를 표현하고 계산서를 자리로 가져오도록 한다. 계산은 앉은 자리에서 한다. 팁은 계산할 때 자연스럽게 웨이터에게 전달한다. 참석자인 여성이 코트를 입고 와서 벗어 둔 경우에 뒤에서 입혀 주는 것이 매너이다.

제 5 절 와인 매너

와인은 포도즙을 발효시켜 만든 술로 포도의 품종과 제조 과정에 따라 여러 가지 종류로 분류하지만, 여기서는 가장 많은 종류인 레드 와인과 화이트 와인에 대해서만 설명하기로 한다. 레드 와인은 검은 포도 또는 붉은 포도로 만드는데, 포도 껍질을 포함하여 으깬 포도즙을 발효시켜 만든 와인이다. 주로 스테이크 등 육류 요리와 함께 마시는데 고기를 부드럽게 해주는 성분이 포함되어 있으며 육류 이외의 여러 가지 음식에 잘 어울린다. 콜레스테롤을 억제하는 효과가 있다고 알려져 있다. 화이트 와인은 모든 색깔의 포도로 만들 수 있는데, 포도 껍질은 없애고 포도즙만 발효시켜서 만든 와인이다. 생선 요리나 조개류, 야채에 잘 어울린다. 레드 와인에 비하여 당분 함량이 적어서 숙성 기간이 짧고, 장기간 보관이 어렵다. 반드시 차갑게 마시도록 한다.

와인을 마시는 방법은 다음과 같다. 주문한 음식에 따라 어울리는 와인을 선택한다. 앞에서 설명한 바와 같이 스테이크에는 레드 와인이, 생선 요리에는 화이트 와인이 좋다. 와인을 따를 때는 반드시 와인을 받는 사람의 오른쪽에서 따른다. 와인 잔은 반드시 한 와인에 한잔씩 쓴다. 화이트 와인을 마신 잔으로 레드 와인을 마시지 않도록 하는데, 이는 잔에 묻어 있는 와인의 향미가 다음 와인에 영향을 주기 때문이다. 와인은 잔의 3분의 2 이상을 따르지 않는다. 와인의 향을 감상할 때 코 끝이 잔속으로 약간 들어갈 수 있기 때문이다. 와인을 받을 때는 잔을 들지 않는다. 우리나라 주도에 술을 따를 때 잔을 드는 습관이 있으나 와인을 받을 때에는 잔을 들지 않도록 한다. 와인을 마시기 전에 와인 잔을 좌우로 가볍게 흔들어 공기와 닿는 면이 넓어지도록 한다. 햇빛이나 전등에 와인 잔을 비추어 색을 감상하고 와인 잔을 들어 향기를 음미한다. 소량을 마시면서 입맛을 다시듯이 혀로 입안에 남은 와인의 뒷맛을 음미한다. 알코올 농도가 낮은 것부터 마신다. 처음부터 맛이 강한 와인을 마시면 혀의 감각이 둔해져서 다음 와인의 맛을 느낄 수 없을 수도 있다. 와인은 오래 두면 변질될 가능성이 있기 때문에 남은 와인은 빠른 시일 내에 마시는 것이 좋다. 오랫동안 와인을 세워서 보관하면 코르크 마개가 말라서 와인이 변질될 수 있기 때문에 와인은 눕혀서 보관하도록 한다.

11장

글로벌 비즈니스 예절

제 1 절 각국 문화의 이해

글로벌 비즈니스 환경에서 각국의 교류가 빈번하게 이루어짐에 따라 자국민에 대한 에티켓이나 매너뿐 아니라 외국인에 대한 에티켓과 매너가 중요하다는 것은 재론의 여지가 없다. 다른 나라의 문화와 관습을 이해하고 이에 맞는 매너와 에티켓으로 행동한다는 것은 상대방 문화에 대한 배려와 존중을 표현하는 것이다. 외국어 능력만이 글로벌 비즈니스 세계에서 요구하는 자질이 아니라 다른 나라의 문화에 대한 이해와 배려를 통하여 그 나라의 문화에 적응하는 능력 또한 글로벌 비즈니스 환경에서 성공할 수 있는 커다란 자질이다. 우리는 현재 수많은 나라들과 교류하면서 그들의 문화와 관습을 이해하고 이에 적응하려고 노력하고 있지만 여기서는 우리 나라와 가장 가깝고 가장 활발한 교류를 하고 있는 미국, 일본, 중국 등 3개국의 문화와 관습, 그리고 관련된 매너나 에티켓을 살펴보기로 한다.

먼저 미국의 문화에 대한 이해이다. 미국은 기본적으로 철저한 개인주의 사회이다. 종교적 자유와 개인적 부를 찾아 이민들이 정착한 사회이기 때문에 부의 축적을 정당시하고 부자를 존경한다. 개인은 조직에 종속된 수직적 관계가 아니라 수평적인 존재로 수평적 사회구조를 가지고 있다. 따라서 어려서부터 다른 사람의 간섭이나 침해를 받지 않는 독립적인 인격체로 성장한다. 따라서 개인의 프라이버시를 철저하게 존중한다. 또한 개인적 공간을 중시하는 사회로 공공장소, 직장 등에서 다른 사람들과 적정한 거리를 유지하며 타인과의 부딪힘이나 접촉을 삼가한다. 철저한 가족 중심의 사회로 가족생활이 삶의 중심이기 때문에 주말이나 휴가 때는 가족과 함께 보내는 것을 당연시 하며 비즈니스 관련 업무나 개인적인 약속을 피한다. 휴가 때는 아예 회사에 사용하는 휴대폰을 반납하기도 한다. 시간을 철저히 준수하고 약속과 사전 약속을 중시한다. 따라서 적어도 1~2주전에 사전 약속을 하고 약속된 만남을 가진다. 비즈니스 목적이 아닌 경우에는 명함을 교환하지 않는다. 비즈니스로 만난 관계라도 관계가 친해지면 성이 아닌 이름을 부르면서 친근함을 표시하며 격식을 따지지 않는다. 또한 자신을 소개할 때는 보통 직책을 소개하지 않는다. 격식이 있는 비즈니스를 위하여 레스토랑에서 고급스런 식사를 하는 경우가 있지만 일상 생활에서는 조식은 집이나 패스트푸드

점에서 가볍게 먹고 점심 또한 샌드위치나 햄버그 등 가벼운 음식으로 해결한다.

다음은 일본의 문화에 대한 이해이다. 일본은 기본적으로 집단 중심의 사회이다. 따라서 사회적 서열관계에 따라 매너와 에티켓을 중시하며 인사법과 경어가 발달되어 있다. 인사를 하는 경우 인사하는 각도로 사회적 서열을 알 수 있고 보통은 허리를 깊숙이 숙여 인사를 한다. 나이 많은 회사의 사장이나 회장과의 사석에서 하급자가 무릎을 꿇고 대하는 모습도 여전히 남아 있다. 윗사람이나 면식이 없는 사람에게 철저하게 경어를 사용하며 특히 일본 거주 외국인은 이러한 경어 사용에 많은 어려움을 겪는다. 또한 집단 중심의 사고로 인하여 집단에서 소외당하는 일명 '이지메'를 두려워 한다. 사회적 기본질서나 공중도덕을 철저히 지키며 두 사람 이상이 모이면 자연스럽게 줄을 서고 다른 사람에게 폐를 끼치는 것을 굉장히 싫어한다. 자신의 본심(혼네)와 겉으로 드러나는 모습(다테마에)를 철저히 구분하여 본심을 잘 드러내지 않고 숨긴다. 자신의 본심을 얼굴 표정으로 드러내는 것은 다른 사람에게 실례되는 행동으로 간주한다. 따라서 상대방의 제안이나 요구를 거절할 때도 상대방이 난처하지 않게 바로 거절하지 않고 우회적으로 표현하며 '아니오'라는 직설적인 표현은 잘 사용하지 않는다. 이러한 우회적 표현은 특히 비즈니스에서 상대방이 오해할 여지를 남기기도 한다. 일이나 비즈니스는 철저하게 계획에 의하여 이루어지고 세심하고 주도면밀하게 처리되며 즉흥적인 결정은 이루어지는 경우가 거의 없다. 집에 초대받거나 식당에 들어갈 때 신발은 벗어 신발 끝이 바깥으로 향하게 가지런히 놓고 들어간다. 가지런히 정리하고 들어가지 않으면 주인이나 종업원이 반드시 정리하여 놓는다. 식사 시 밥그릇은 왼손으로 들고 젓가락을 사용하여 음식을 먹는다. 숟가락은 사용하지 않으며 국도 국그릇을 손으로 들고 조금씩 마신다. 술을 따를 때는 지위 고하나 나이를 불문하고 상대방에게 한 손으로 따른다.

다음은 중국의 문화에 대한 이해이다. 중국은 기본적으로 특유의 인맥관계인 '꽌시(관계)'를 중시하는 사회이다. 꽌시를 배제하고는 중국에서 비즈니스 자체를 논하기 어렵다. 따라서 한 번 좋은 관계를 맺으면 끝까지 믿고 도와주지만 반대로 한 번 미움을 사게 되면 좀처럼 잊지 않는다. 체면을 여전히 중시하고 직위나 직함에 민감하여 소개 시 자신의 성에 공식적인 직함을 붙인다. 자신의 속마음을 얼굴이나 행동에 잘 표현하지 않으며 상대방에게 고개를 숙여 인사를 하는 것이 일반적이다. 약속 시간을 잘 준수하며 약속을 취소하는 것을 상대방에 대한 결례로 간주한다. 붉은 색을 선호하며 6, 8, 9와 같은 숫자를 길한 숫자로 좋아한다. 선물할 때 매우 주의가 필요한데, 우산, 부채, 시계 등은 선물하지 않는다. 56개 민족으로 이루어진 다민족 국가로 지역이나 민족에 따라 개인적 기질이나 문화, 관습이 다르고 특히 소수민족의 독립 요구가 여전히 진행 중이므로 민감한 소수민족 문제는 언급하지 않는 것이 좋다.

제 2 절 각국 비즈니스 매너

미국의 비즈니스 매너는 다음과 같다. 미국인과의 비즈니스 미팅에서 만남의 초기 5분 정도가 전체적인 미팅의 분위기를 좌우하기 때문에 5분이 중요하다. 초기 5분에서 느끼는 만남의 서먹함을 잘 극복하는 것을 **아이스 브레이킹**(ice-breaking)이라고 한다. 아이스 브레이킹를 위해서는 영어 실력은 어쩔 수 없다고 하더라도 대화의 소재는 노력 여하에 달려있다고 볼 수 있다. 미팅 전에 아이스 브레이킹을 위하여 신문 등을 통하여 대중성이나 시사성있는 최신 정보를 수집하는 것이 좋다. 중요한 비즈니스 미팅에서는 정장 차림으로 참석하지만 중요한 회의나 미팅이 없는 한 일상적인 경우에는 대부분 단정한 바지에 셔츠, 자켓을 걸치는 비즈니스 케주얼(business casual)이 통상의 복장이다. 상호간 드레스 코드(dress code)에 대한 정보가 없이 만날 때는 넥타이를 맨 정장 차림이 안전하나 미팅 전에 상호간의 드레스 코드를 맞추는 것이 가장 자연스럽고 편하다. 미팅 시 상대방의 인원 수와 자기 쪽의 인원수를 비슷하게 맞추는 것이 가장 편하다. 따라서 상호간 미팅 참석자의 간단한 프로필을 교환하는 것이 상례이며, 미팅 직전에 참석자가 바뀌게 되면 반드시 상대방에게 알려 준다. 사전 통보없이 다수의 인원을 동반하여 상대방을 방문하는 것은 결례이다. 시간 관념이 철저하므로 상대방을 기다리게 하여서는 안된다. 시간 관리를 비즈니스의 전제인 신용 관리로 간주하기 때문에 시간을 어기는 것은 비즈니스에 치명적일 수 있다. 미팅 마감 시간도 반드시 준수하여야 한다. 불가피하게 미팅 시간이 더 필요한 경우 적어도 마감 시간 10분 전에는 상대방의 양해를 구하여야 한다. 개인의 사적 공간을 중시하는 문화이므로 상대적으로 개인 공간을 넓게 사용한다. 자리에 앉을 때도 가능한 많은 거리를 두고 앉는 것이 좋고, 체취에 민감한 문화 환경 때문에 긴밀한 이야기를 나누는 경우에도 필요 이상으로 상대방에게 가까이 다가가는 것도 주의하여야 한다. 특히 친근감을 표시하기 위하여 동성끼리 팔짱을 끼거나 악수 외에 신체에 손을 대는 것은 절대 금기이다. 미국인은 기본적으로 토론을 좋아하고 본인의 생각을 회의 내용에 반영하였다는 것에 자부심을 느끼므로 회의 시 충분한 토론 시간과 기회를 제공하는 것이 바람직하다. 또한 회의나 미팅을 일하는 회의(working meeting)나 미팅으로 인식하는 경향이 강하므로 회의나 미팅에서 업무 진행 상황을 체크하는데 시간을 많이 할애하는 편이다. 회의나 미팅 중에는 정말 중요하고 긴박한 전화가 아니라면 받지 않는 것이 좋다. 협상 시에는 공정(fairness)을 중시하기 때문에 일방적인 주장이나 요구에 상당히 거부감을 느낀다. 따라서 협상 시에는 상호간 공정하다는 느낌을 가지도록 하는 것이 바람직하다. 회의나 미팅 마지막에는 회의나 미팅 내용을 요약하도록 한다. 요약한 내용은 상호간 사인(sign)을 하거나 재차 확인하는 작업을 하도록 한다. 비즈니스 접대의 경우, 미국에서는 퇴근 시간 이후의 술접대는 거의 없으며 점심시간을 통한 접대가 대부분으로 통상적으로 2시간 정도 소요된다. 조식 모임이나 미팅도 흔하며, 특히 스포츠 관련 접대가 보편화되어 있어 미식축구, 야구, 농구, 아이스 하키 등의 경기장 스위트 룸(suit room)을 활용하여 간단한 저녁, 스낵, 음료 등과 함께 경기를 보면서 접대하기도 한다. 접대 시 술을 마시는 경우가 드물다. 기본적으로 술을 마실 수 있는 장소가 매우 제한적이기 때문이며, 술은 정해진 장소에서 마셔야 하며 야외에서는 마시지 못한다. 대부분의 주에서는 야외에서 술병을 노출한 채 술을 마시게 되면 처벌을 받는다. 회의나 미팅의 상대방을 위한 작은 선물을 준비하는 것도 좋다. 아이스 브레이킹 또는 대화의 분위기를 한층 부드럽게 유도할 수 있는 효과가 있다.

일본의 비즈니스 매너는 다음과 같다. 일본인 역시 시간 관념이 철저하다. 회의 약속시간 5분 전에 안내 데스크에서 안내를 받도록 한다. 하지만 너무 일찍 도착하는 것도 상대방에 대한 결례이다. 아직도 수직적 상하관계가 중시되는 문화로 인사 예절이 철저하여 고객을 응대하는 경우 허리를 깊숙이 숙여 인사하는 것이 일반적이다. 비즈니스를 위한 만남에서 명함을 교환하고 악수도 하지만 일본인끼리는 악수를 잘 하지 않는 편이다. 일본에서는 명함이 늘 몸에 지니고 다녀야 할 필수품이다. 항상 명함 지갑이나 명함 케이스를 지니고 다니며 명함을 교환하므로 일본인과의 미팅 시에는 반드시 명함 지갑이나 명함 케이스에서 명함을 꺼내어 전달한다. 명함을 건넬 때는 상대방이 글씨를 읽을 수 있는 방향으로 건네고 분명하게 소속, 직위, 성명 등을 말하고 상대방의 가슴 높이에 맞추어 두 손으로 건넨다. 명함을 받을 때는 가볍게 인사를 하고 두 손으로 받아 그 자리에서 명함을 건넨 상대방의 소속, 직위, 성명 등을 확인한다. 일본인은 정장 차림의 드레스 코드가 철저하다. 미팅 시에는 대부분 정장 차림을 선호하여 감색이나 검정색, 회색 정장에 흰색 셔츠, 넥타이를 맨다. 일본인은 비즈니스 관계를 시작할 때나 이후의 관계에 있어서 거래 조건과 함께 개인의 신용을 대단히 중요시 한다. 거래기간이나 상대방과의 친밀도에 따라 거래 조건의 차이가 있을 수도 있다. 비즈니스 관계가 성립된 후에도 지속적인 만남을 통해 상호간 신뢰관계를 유지, 심화시킬 필요가 있다. 일본에서는 일단 상호간 비즈니스 관계가 형성되면 장기적인 관계가 유지되는 것이 일반적이다. 신뢰관계가 아직 형성되지 못한 경우에는 이미 신뢰관계가 형성되어 있는 소개자를 이용하는 것이 바람직하다. 직접적이고 명확한 의사표현보다 간접적이고 이중적인 표현을 선호하므로 상대방에게 '노(No)'라는 표현을 절대 사용하지 않는다. 회의나 미팅을 서둘러 진행하지 말고 간접적인 행동을 선호하므로 강요하는 듯한 비즈니스 자세는 절대 피하여야 한다. 저녁 접대가 일반화되어 있다. 협상이나 비즈니스가 원만히 진행되거나 상호 만족한 결과를 얻으면 저녁시간에 술을 포함한 식사 접대를 하는 것이 일반적이다. 경우에 따라서는 융숭한 대접이나 술접대가 이루어지기도 한다. 또한 접대로 스모(일본식 씨름)를 관전하거나 가라오케를 활용하는 경우도 있다. 회의나 미팅의 상대방을 위한 작은 선물을 준비하는 것도 좋다. 특히 일본인은 '오미야게'라고 하여 상대방의 회사를 방문할 때 간단한 선물을 하는 경향이 강하다. 일본인에게 주는 작은 선물로는 과자류, 식품류, 한국전통소품 등이 좋다. 일본인은 외부로부터 선물을 받더라도 직원들에게 나눠주는 경향이 강하므로 여러 명이 나누기 쉬운 김 등 식품류나 사탕 등 과자류가 좋다.

중국의 비즈니스 매너는 다음과 같다. 앞에서 이미 설명하였지만 중국 사회는 기본적으로 꽌시(관계) 사회이므로 비즈니스에서도 상대방의 신용과 상호 인간관계를 대단히 중시한다. 회의나 미팅 시 적절한 소재로 분위기를 부드럽게 하는 것이 좋지만 중국 국내 정치에 대한 언급은 피한다. 중국인 역시 시간 약속에 철저하다. 대부분 중국인들은 약속시간을 중시하여 상대방보다 먼저 약속장소에 나와 기다리는 경우가 많다. 상대방과 인사를 하는 경우 머리를 정중하게 숙이고 악수를 한다. 비즈니스 미팅의 상대방에 대한 호칭은 성에 직함이나 직위를 붙여서 부르도록 한다. 드레스 코드는 서구 스타일의 정장과 넥타이 차림이 가장 일반적이다. 회의나 미팅 시 중국인을 최고, 최상이라고 인정하면 전폭적인 믿음을 준다. 비즈니스 미팅 시 인내와 끈기로 참을성 있게 임하므로 미팅를 서두르거나 밀어붙이는 인상을 주지않도록 한다. 체면을 중시하므로 자신의 과오를 잘 인정하려 하지 않는다. 직접적인 방법보다는 우회적인 방법으로 잘못을 깨우치도록 하는 것이 바람직하다. 저녁 접대가 많다. 만찬 시 건배 제의를 하는 것이 일반적인데, 중국식 건배는 한 번에 전부 마셔서 잔의 바닥을 상대방에게 보여주는 것이다. 특히 만찬 시 계속 건배를 할 뿐아니라 알코올 도수가 높은 마오타이즈가 건배에 사용되므로 술에 취하지 않도록 사전에 대비하여야 한다. 또한 술에 약한 사람이라도 같이 마시는 것이 예의이다. 따라주는 술을 거절하거나 차나 쥬스 등으로 건배하여서는 안된다. 중국인이 권하는 술을 거절하는 것은 비즈니스 관계(꽌시)를 거절하는 것으로 간주하는 경향이 강하다. 담배에 대하여 상당히 관대하기 때문에 식사 중에 흡연을 하는 경우가 많다. 웃어른과 함께 담배를 피우는 것이 가능하며 상대방에게 소개될 때 담배를 권유받는 경우가 있는데 담배 권유는 권유하는 상대방의 호의의 표시이므로 금연가가 아니라면 거절하지 않도록 한다. 중국인 역시 상대방에게 정감을 표시하는 선물의 관습이 있다. 선물 시 상대방이 부담을 느끼지 않는 작은 선물을 쌍수, 즉 2개를 선물한다. 담배에 관대하므로 담배를 선물하기도 한다. 포장 시에는 빨간색이나 금색을 선호한다.

제 3 절 각국 음식 문화와 예절

미국의 음식 문화와 예절은 기본적으로 양식 문화와 예절로 앞에서 양식 매너에 대하여 이미 설명하였다. 미국 음식의 특징은 육류 위주의 식생활로 육류를 통한 동물성 지방의 섭취가 많다. 또한 먹는 양이 많고 단맛이 강한 후식과 음료를 좋아한다. 음식은 미리 양념하지 않고 조리한 뒤 소스를 얹어서 먹으며, 오븐을 사용하는 조리법을 많이 사용한다. 다민족 국가이기 때문에 거의 전 세계의 음식이 한 곳에 모여 있고, 여러 음식 문화가 혼합된 퓨전음식도 발달하여 있다. 일에 중점을 두고 생활을 하기 때문에 간편하게 먹을 수 있는 즉석식품, 통조림 등을 많이 먹는다. 또한 냉동식품이나 반조리식품을 많이 먹고 외식을 즐기는 등 식생활에 소비되는 비용이나 시간, 노력을 절약하는 실용적 식생활을 중시한다. 미국 식사의 경우 아침 식사(breakfast), 점심 식사(lunch), 저녁 식사(dinner)와 아침 겸 점심으로 먹는 늦은 아침 식사인 브런치(brunch)로 나뉘는데 아침 식사과 점심 식사는 간단히 하고 저녁 식사에 비중을 둔다. 그리고 아침에 주로 먹는 음식, 점심에 어울리는 음식, 저녁에 어울리는 음식이 각기 따로 정해져 있고 그 때에 적당한 음식을 먹기 때문에 식당에서도 아침, 점심, 저녁의 메뉴가 다르다. 미국을 대표하는 음식으로는 패스트 푸드(fast food)로 햄버거, 핫도그, 켄터키 치킨, 스테이크, 통조림, 콜라 등이 있으며 토마토 케첩을 많이 사용하는 것이 미국 음식의 또 하나의 특징이다. 레스토랑에서의 식사 예절은 다음과 같다. 중류 이상의 레스토랑에서는 예약이 매우 중요하며 예약은 빠를수록 좋다. 남성은 정장을 꼭 갖춰야 하며, 핸드백은 테이블 위에 놓지 않는다. 식사 후에는 테이블 위에 놓은 계산서에 음식값과는 별도로 음식값의 15% 정도의 팁을 올려놓는다. 서비스 요금이 포함된 경우는 따로 팁을 놓지 않아도 되며 카드로 계산할 때는 팁(tip)란에 따로 금액을 적는다. 팁을 줄 때는 꼭 지폐를 사용하여야 하며 동전을 주는 것은 실례가 된다. 팁은 레스토랑에서 그 수준에 따른 적절한 서비스를 제공받고 대가를 지불하는 것으로 비싼 고급식당은 물론 셀프 서비스 레스토랑을 제외한 보통의 카페에서까지 모두 팁을 지불하여야 한다. 팁에 관한 명문화된 법은 없으나 하나의 관습으로 정착되어 팁을 지불하지 않을 경우 미국 문화를 이해하지 못하는 미개인으로 간주될 수 있다. 미국인과의 비즈니스 식사 자리에서의 에티켓은 다음과 같다. 입에 음식을 가득 문 채 이야기하지 않는다. 누군가 질문하거나 말을 걸었을 경우 재빨리 삼키고 이야기하도록 한다. 식사를 위하여 격의 없고 비즈니스와 연관되지 않은 이야깃거리를 미리 준비하는 것이 좋다. 여행, 스포츠 등 누구나 공유할 수 있는 화제를 준비하면 식사 시 어색한 침묵을 깨는데 도움이 된다. 어떠한 상황에서도 식당 종업원에게 불친절한 모습을 보여서는 안된다. 식사 장소를 고르는 데 신중하여야 한다. 너무 값이 싸거나 격식이 없는 레스토랑은 상대방이 대접받지 못한다는 느낌을 받을 수 있고 너무 비싼 레스토랑은 낭비적이라는 인식을 줄 수 있기 때문이다. 레스토랑을 상대방에게 제안하도록 하는 것도 하나의 방법이다. 미국은 다른 나라에 비하여 술에 대하여 상대적으로 엄격하다. 합법적으로 술을 마실 수 있는 나이는 공식적으로는 만 21세 이상으로 규모가 매우 작은 슈퍼마켓이라도 철저하게 신분증 검사를 하고 술을 판매한다. 미국인들이 술을 마시게 되는 것은 나이트 클럽, 바, 사적인 주거 장소에 한정되어 있어 집밖에 술을 가지고 다니다가 경찰에게 체포당할 수 있다. 밖에서 술을 마시고 집에 들어가는 것이 어렵기 때문에 미국인들은 집에서 파티를 많이 연다. 파티를 통하여 편안하게 집에서 술을 마시면서 여러 사람을 만나고 대화하는 것을 즐긴다.

일본의 음식 문화와 예절은 다음과 같다. 일본 요리는 눈으로 먹는다고 할 만큼 시각적인 아름다움을 가지고 있으므로 음식이 나오면 먼저 눈으로 감상하고 칭찬의 말을 한 후 시식을 하는 것이 매너이다. 일본의 가장 대중적인 요리로 **가이세키 요리(會席料理, 회석요리)**를 들 수 있는데, 이는 식단에 따라 작은 그릇에 다양한 음식을 조금씩 순차적으로 내오는 연회용 코스요리를 말한다. 가이세키 요리는 보통 전채(애피타이저), 맑은 국, 생선회, 조림

류, 구이류, 밥, 야채절임, 과일 순으로 나온다. 일본은 철저하게 고객이나 손님을 우선시하므로 식사 시에도 손님이 먼저 식사를 시작한다. 숟가락은 사용하지 않고 젓가락을 이용하여 식사한다. 여럿이 함께 하는 가이세키 요리에서는 공용 젓가락과 개인 젓가락 두 종류를 사용한다. 밥그릇을 들 때에는 젓가락을 내려놓고 왼손으로 밥그릇을 들고 나서 오른손으로 젓가락을 집는다. 그리고 밥그릇을 든 채로 밥을 먹는다. 국은 국그릇을 들고 입에 대고 마신다. 크기가 큰 요리를 입으로 물어뜯지 않고 그릇 안에서 젓가락으로 잘라서 먹는다. 밥을 먹을 때는 반찬을 밥 위에 얹어서 먹지 않는다. 식사를 젓가락으로만 하지만 젓가락을 사용할 때 삼가하여야 할 행동들이 있다. 먼저 그릇을 입에 댄 상태에서 젓가락으로 요리를 집지 않는다. 젓가락으로 그릇 안의 내용물을 휘젓다가 원하는 요리를 가져가는 행동도 삼가하여야 한다. 젓가락으로 요리를 찔러서는 안되며 그릇 위에 젓가락을 올려 놓지 않는다. 어떤 요리를 먹을까 젓가락으로 이 그릇 저 그릇을 왔다 갔다하며 망설이지 않도록 한다. 젓가락으로 그릇을 움직여서는 안되며 젓가락에 붙은 밥알 등을 입으로 떼는 행동도 삼가하여야 한다. 술을 마시는 경우 한 손으로 술을 권하고 받는다. 술이 술잔에 남아 있을 때 따라 주는 것이 예의이다. 상대방의 잔을 오래 비워두면 눈치없는 사람으로 오해받을 수 있다. 잔은 돌리지 않으며 각자의 잔으로 술을 마신다. 술을 억지로 권하지 않으므로 자신의 술잔을 손으로 가리거나 술잔을 비우지 않고 그대로 두면 더 이상 술을 마실 수 없다는 의미로 해석된다. 여자가 남자의 잔에 술을 따르는 것을 당연하게 생각하며 술을 따르지 않으면 오히려 센스가 없다고 생각한다.

중국의 음식 문화와 예절은 다음과 같다. 중국 요리는 기본적으로 양이 정해져 있는 요리가 중심이 되기 때문에 여러 명이 함께 식사를 하는 것이 좋다. 식사 시에는 형식을 차리지 않고 즐겁게 이야기하며 먹는 것이 특징이다. 음식에는 기본적으로 향신료를 많이 사용하여 독특한 향과 맛을 낸다. 음식의 종류는 4종을 기본 단위로 하기 때문에 음식 주문 시 사람 수 만큼의 요리에 수프를 추가하는 것이 기본이다. 다수의 사람이 함께 식사를 할 때는 주로 회전형 원형 식탁을 이용하는 경우가 많은데 원형 식탁의 맨 안쪽이 상석이고 입구쪽이 말석이다. 원형 식탁의 회전판을 시계방향으로 돌려 자신이 원하는 음식을 덜어내는 것이 정석으로 음식을 덜어내는 젓가락으로 자기 접시에 들어서 먹는다. 하지만 친절과 우의의 표시로 음식을 덜어 주기도 한다. 중국 음식의 경우에도 젓가락을 주로 사용한다. 렝게라는 손잡이가 짧은 자기 수저를 사용하기도 하는데 이는 수프나 탕을 먹을 때에만 사용하고 다른 음식을 먹을 때에는 모두 젓가락을 사용한다. 식사는 주인이나 호스트가 먼저 시작한다. 탕요리는 렝게로 탕그릇에 떠서 담아 흘리지 않도록 그릇을 들고 먹는다. 뼈가 붙은 닭고기 요리는 손으로 들고 먹어도 상관이 없다. 젓가락은 사용한 후 접시에 걸치지 않고 젓가락 받침대 위에 가지런하게 놓아야 한다. 술에 약한 사람이라도 함께 마시는 것이 에티켓이다. 따라주는 술을 거절하거나 차 또는 주스로 건배하여서는 안된다. 주인이나 호스트가 건배를 들 때는 앉은 채로 건배를 한다. 술잔이 비기 전에 계속 첨잔을 하는데, 잔에 술을 가득 따르는 것은 상대방에 대한 애정과 존중을 의미한다. 술잔을 돌리지 않는다. 대신 원형 식탁의 회전판을 이용하여 술잔을 술을 따르는 사람 앞으로 가져와 술잔을 채운 후 다시 술잔을 원래 주인 자리로 되돌려 보낸다. 중국 술은 알코올 도수가 높은 술이 많으므로 술에 취하지 않도록 체크하면서 마시도록 한다. 중국인은 술에 취하여 실수를 하는 것을 대단히 싫어한다. 중국식 건배는 단번에 술을 들이키고 술잔의 바닥을 상대방에게 보여주는 것이다. 특히 연회일 경우 계속 건배를 할 뿐아니라 알코올 도수가 높은 마오타이주를 건배에 사용한다.

참고문헌

고종원, 장용운, 황지현, 문화인을 위한 글로벌 매너와 에티켓, 대왕사, 2014년 2월, 서울

김예주, 이미지 메이킹이 긍정적 사고와 자아 존중감에 미치는 영향, 건국대학교 산업대학원 석사논문, 2016년 2월

김은정, 문시정, 올댓 매너, 백산출판사, 2020년 2월, 경기

박상희, 신정민, 조예원, 비즈니스 커뮤니케이션, 대왕사, 2019년 2월, 서울

박준형, 볼프강의 글로벌 비즈니스 에티켓 2, 김영사, 2000년 8월, 서울

송배준, 윤민애, 글로벌 비즈니스 매너, 새로미, 2014년 3월, 서울

양혜련, 모듈식 프리젠테이션 교육 프로그램 개발, 한국비서학회, 비서사무경영연구, 제12권 제2호, 2003년 12월

오정주, 권인아, 비즈니스 매너와 글로벌 에티켓, 한올출판사, 2019년 3월, 서울

원융희, 글로벌 비즈니스 에티켓, 두남, 2001년 6월, 서울

이경미, 글로벌 비즈니스 매너, 한올출판사, 2016년 8월, 서울

이상우, 김영리, 이정욱, 글로벌 에티켓 & 글로벌 매너, 대왕사, 2016년 3월, 서울

이상우, 정수원, 글로벌 에티켓 & 비즈니스, 만남, 2010년 9월, 서울

이유미, 프레젠테이션 교육에 관한 연구 양상 고찰, 다빈치미래학교양연구소, 교양학연구 3집, 2016년 6월

이재희, 비즈니스 커뮤니케이션, 한올출판사, 2019년 2월, 서울

정지영, 글로벌 비즈니스 매너, 비즈프레스, 2011년 2월, 서울

최영민, 글로벌 비즈니스 상식과 매너, 백산출판사, 2008년 9월, 경기

황보식, 장혜숙, MBTI 성격 유형에 따른 커뮤니케이션 능력과 대인관계 만족도에 관한 연구, 한국융합보안학회, 융합보안 논문지 제16권 제3호, 2016년 5월

찾아보기

[저자 약력]

박 성 모

서울대학교 정치학과 및 행정대학원을 졸업하고, 일본 히토쯔바시(一橋, Hitotsubashi) 대학 ICS(International Corporate Strategy) 과정에서 MBA를 취득한 후, 서울과학종합대학원(aSSIST)에서 영업 및 마케팅으로 박사학위를 받았다. 세계일보 사회부 기자로 사회생활을 시작하여, 한국전력공사, 일본 미츠이(三井, Mitsui)물산, 삼성디스플레이를 거쳐, 현재 수원대학교 경영대학원 교수로 재직 중이다. 마케팅, 협상론, 국제 경영 및 국제비즈니스 문화론 등을 강의하고 있다.

글로벌 비즈니스 에티켓 & 매너

초판 발행 2023년 3월 1일

지은이 박성모
펴낸이 박노일

총괄기획 최준규
편 집 이상민

펴낸곳 pnc publishing and culture 피엔씨 미디어
경기도 고양시 일산동구 강송로 153 310-1501
등록 제396-2012-000203호
전 화 070)7550-3758 팩 스 02)718-8554
홈페이지 www.pncmedia.co.kr 이메일 pnc@pncmedia.co.kr
ISBN 979-11-5730-860-6 03320

정 가 15,000원